자유해

바다에서의 항해의 자유 또는 네덜란드인들의 동인도 교역에 참여할 권리이 역서는 2018년 대한민국 교육부와 한국연구재단의 지원을 받아 수행된 연구임(NRF-2018S1A6A3A01081098).

바다인문학번역총서 004

자유해
바다에서의 항해의 자유 또는 네덜란드인들의 동인도 교역에 참여할 권리

초판 1쇄 인쇄   2023년 5월 22일
초판 1쇄 발행   2023년 5월 31일

지은이   휴고 그로티우스(Hugo Grotius)
옮긴이   정문수·이수열

발행인   윤관백
디자인   김민정
편 집   이경남·박애리·임현지·김민정·염성운·장유진
영 업   김현주

발행처   선인
등 록   제5-77호(1998.11.4)
주 소   서울시 양천구 남부순환로 48길 1(신월동 163-1) 1층
전 화   02)718-6252/6257 | **팩 스**   02)718-6253
E-mail   sunin72@chol.com

정 가   14,000원
ISBN   979-11-6068-816-0 93360

· 잘못된 책은 바꿔 드립니다.

바다인문학번역총서 004

자유해

바다에서의 항해의 자유 또는 네덜란드인들의 동인도 교역에 참여할 권리

휴고 그로티우스 지음 | 정문수·이수열 옮김

선인

차 례

일러두기 ━━━━━━━━━━━━━━━━━━━━━━━━━━━━━━

1. 그로티우스의 『자유해, 혹은 네덜란드인들의 동인도 교역에 참여할 권리(Mare Liberum, sive de jure quod Batavis competit ad Indicana commercia dissertatio)』는 1609년 라틴어로 저술되었다. 이 책은 1633년에 나온 엘제비르(Elzevir)판본의 라틴어 텍스트와 랄프 반 데만 마고핀(Ralph Van Deman Magoffin)이 번역한 1916년의 영문판(Forgotten Books' Classic Reprint Series. The Freedom of the Seas Or the Right Which Belongs to the Dutch to Take Part the East Indian Trade. www.forgottenbooks. com FB &c LTD, Dalton House)을 주 대본으로 하여 번역하였으며, 2021년에 나온 フーゴー・グロディウス, ジョン・セルデン, 本田裕志 譯, 『海洋自由論/海洋閉鎖論1』, (京都大學學術出版會)을 보조 대본으로 활용하였다.

2. 옮긴이들의 해제는 해당각주의 ( )안에 명기하였다. 각주의 〔 〕는 랄프 반 데만 마고핀의 해제를 소개한 것이다.

서론 —————————————————————

크리스트교권의 군주들과 자유 국민들에게

    유해하면서도 오래 지속되어 온 오류가 있다. 그 오류로 인해 많은 사람들, 특히 재력과 권력을 활용하여 막강한 영향력을 행사한 사람들은 정당(iustum)과 부당(iniustum)이 서로 구별되는 것은 그 자체의 본성에 근거한 것이 아니라 환영에 불과한 인간들의 견해나 관습에 근거한다고 확신한다. 더 정확하게 말하면 그렇게 확신하려고 노력하고 있다. 고로, 이 사람들은 높은 지위에 자리 잡은 자신들이 처한 최고의 행운에 걸 맞는 정당한 근거를 제공해야 하고, 또 그들의 행운은 편의적인 자신들의 견해와 결부되어야 한다고 단언하면서, 법률들과 공정의 개념은 오로지 예속적 지위로 태어난 사람들의 이의나 반란을 억제할 목적으로 창안되었다고 생각한다. 이러한 견해는 명백하게 잘못되었고 또 자연에 반하지만, 진지하게 통용되어 왔다. 그런데 우리가 인류 공통의 약점으로 인해 악덕과 그 악덕의 선동자들을 추종하고, 아첨꾼들의 기예—권력은 항상 이들에게 영향을 받아왔다—를 추종해왔다는 사실을 고려하기만 한다면, 이는 전혀 놀라운 일이 아니다.

그러나 한편, 일반인의 생각으로부터 이런 오류를 근절할 수 있고, 오류 옹호자들의 몰상식을 단죄할 수 있었던, 자유롭고 현명하며 신심이 독실한 사람들이 어느 시대에도 존재했다. 왜냐하면 이들은, 신이 우주의 창시자이고 통치자이며, 특히 모든 인류의 하느님 아버지이고, 그래서 신은 다른 생명체를 그렇게 한 것과 달리 인간을 다양한 종(species)이나 잡다한 분류(discrimina)로 갈라놓지 않고, 인간이 하나의 인종에 속하고 하나의 이름으로 호칭되기 바랐다는 것을 보여주었기 때문이다. 더욱이 이들은, 신이 인간에게 동일한 선조, 동일한 구조적 조직, 서로 얼굴을 마주볼 수 있는 능력 또 언어와 그 외의 의사소통 수단도 부여하여, 이로 인해 인간 모두가 상호간의 자연적인 사회유대와 연대를 인식하도록 만들었다는 것을 보여주었다. 이들은 또한 신이 이러한 무리(familas)의 지존이자 아버지라는 것을 보여주었다. 따라서 이들은 신이 토대를 구축하였던 집이나 국가의 지존이자 아버지라는 사실을, 청동판이나 돌판에 신의 법을 새긴 것이 아니라 개개인의 의식과 마음속에 각인시켜, 신의 법을 읽는 것을 싫어하든지 꺼려하는 자들도 그것을 이해하도록 하였다는 것을 보여주었다. 이들은 신의 법이 지위가 가장 높은 사람이나 가장 낮은 사람 모두에게 구속력을 가진다는 것을 보여주었다. 평민이 지방 행정관의 법령을 거역하거나 지방 행정관이 총독의 칙령을 거부하거나 총독이 왕령에 대항하는 일이 용납되지 않는 것과 마찬가지로, 왕도 신의 법에 저항하는 것이 용납되지 않는다는 것을 보여주었다. 뿐만 아니라 각국의 국법이나 각 도시의 도시

법 그 자체도 신의 법에서 나온 것으로, 그 법들의 신성과 존엄도 신의 법에서 부여받고 있다는 것을 보여주었다.

개개인이 만인과 공통으로 향유하는 사실들이 있고, 다른 사람들과 공유하지 못하는 개개인만이 가진 독특한 사실들이 존재하는 것처럼, 자연은 모든 사람들이 사용 가능한 공유물을 만들었고, 근면과 노동을 통해 개인의 소유가 되는 사유물을 만들었다. 더욱이, 만인은 공유물을 다른 누구에게도 해를 끼치지 않고 사용할 수 있도록, 그리고 그 외의 것에 관해서 자신이 소유한 것에 만족한 사람들은 타인의 재산에 손을 대지 않도록, 각각의 사례를 입증하는 많은 법률들이 제시되었다.

어떤 인간도 인간이기를 그만두지 않는 한 이러한 사실들을 무시할 수 없기 때문에, 또 자연의 빛으로 비쳐지기만 한다면 모든 진리를 볼 수 있는 민족들이 이러한 사실들의 영향력을 인정하기 때문에, 크리스트교권의 군주들과 국민들이여, 여러분들은 무엇을 생각해야 하고, 무엇을 행하여만 하는가?

만약 그토록 신성한 신앙, 즉 크리스트교의 공언(professio)이 필요로 하는 여러 가지 일들이 자신에게 요구되는 것—그 최소한의 의무는 부당한 일을 삼가 하는 것—을 이해하기 어렵다고 생각하는 사람이 있다손 치더라도, 만인은 자신의 의무가 자신이 다른 사람들에게 요구하는 것으로부터 나온다는 것을 확실히 알 수 있다. 여러분들 중에, 개개인은 자신의 사유 재산을 운영하고 처분할 자격이 있다는 점을 공적으로 포고하지 않는 사람은 없고, 여러분들 중에, 모든 시민들은 하천이나 공공장소를 평등하게 차별 없이 이용할 권리가 있다는 것을 주장하지 않는 사람이 없으며, 여러분들 중에, 왕래와 교역의 자유를 전력을 다해 보호하지 않는 사람은 없다.

이러한 원칙들의 적용 없이는 우리가 공화국이라 부르는 작은 사회가 성립할 수 없다고 생각된다면, (그리고 확실히 성립할 수 없다고 생각된다면), 어찌 그와 같은 원칙들이 전 인류의 사회적 구조를 지탱하고 그것의 조화를 유지하기 위해 반드시 필요하지 않겠는가? 가령 법과 질서에 대한 이러한 원칙들을 거스르는 사람이 있다면, 여러 국가의 군주 내지 국민인 여러분들이 마땅히 분개하고, 심지어 그 악행의 중대함에 상응하는 형벌을 내릴 것이다. 그 이유는 다름이 아니라 원칙들을 거스르는 일이 용인되는 곳에서는 정부가 평온할 수 없기 때문이다. 그렇다면 만약 일국의 왕이 타국의 왕에 대해, 일국의 국민이 다른 국가의 국민에 대해 부당하고 폭력적으로 행동할 경우, 그와 같은 행위는 (왕들과 국민들로 구성된) 세계적인 보편 국가의 평온을 해치는 것으로, 그리고 지존의 통치자, 신에 대한 불경으로 이어진다. 그렇지 않은가? 하지만 다음과 같은 중요한 사실을 확인해 보라. 대중에 대해서는 지방행정관이, 지방행정관에 대해서는 군주가 재판하는 것처럼, 우주의 왕인 신이 여러분들에게 다른 모든 사람들의 죄를 심판하여 처벌하도록 명하였다. 그러나 여러분의 죄를 심판하여 벌하는 일은 위임하지 않고 신 자신에게 남겨두었다. 신이 ─완만하고 눈에 보이지 않지만, 피할 수 없는─ 최종적인 징벌을 보전하였음에도 불구하고,

죄를 범한 사람 중에서 가장 운이 좋은 죄인도 피할 수 없도록 두 명의 감
별사를 인간들의 일에 개입하도록 파견하였다. 즉 감식 능력을 가진 두 명
이란, 각자의 타고난 판단인 양심과 타인의 판단인 여론이다. 양심의 법
정과 세평의 법정은 다른 법정들에 호소할 수 없는 사람들에게 열려 있다.
즉 약자들이 양심과 세평에 호소한다. 그리하여 힘으로써 승리한 사람들,
후안무치한 사람들, 사람의 피를 대가로 매수하는 것을 대수롭지 않게 생
각하는 사람들, 부당행위를 불법으로 옹호하는 사람들, ―선량한 사람들이
만장일치로 단죄해야 마땅하며 자신 스스로의 양심의 속죄로도 죄를 벗어
날 수 없는― 악질적인 사람들은 양심과 세평의 법정에서 패소하게 된다.

　이 두 법정 앞으로 우리는 새로운 소송을 제기한다. 맹세코 말하건대,
그것은 처마 끝의 빗물막이 혹은 공유 벽(confinio haerentis)을 둘러싼
이웃 간의 시민들이 제기하는 사소한 사인간의 소송도 아니고, 국경선이
나 도서 또는 하천의 영유권을 둘러싼 서로 다른 국민들이 빈번히 제기하
는 국가간의 소송이 아니다. 완전히 다르다! 우리의 소송은 실질적으로 대
양의 전역에 걸친, 항해 권리, 통상의 자유에 관한 사안이다. 우리들과 스
페인인들 사이에는 다음과 같은 문제에 관한 분쟁이 있다. 거대하고 광
대한 바다는 하나의 왕국, 그것도 가장 위대한 왕국이 아닌 한 왕국 단독
의 소유가 될 수 있는가? 어떤 한 국가의 국민이 타국의 국민에게, 그들
이 원한다면 물건을 팔거나 교환하는 것, 실질적으로 교역 상대 국민과 서
로 오가는 일을 금지할 권리가 있는가? 일국의 국민이 결코 자국이 소유한

적이 없는 것을 양도하거나, 또는 이미 타국이 소유하고 있는 것을 발견 (invenire)[1]할 수 있는가? 오랜 기간 동안 지속된다면, 명백한 부당행위도 특정한 권리를 부여받는가?

　이러한 논쟁에 관해 우리는 스페인인들 가운데서도 신의 법과 인간의 법 모두에 걸출한 대가들에게 평결을 구할 것이고, 우리는 다름 아니라 스페인의 법을 근거로 변론한다. 이런 시도가 별다른 효력이 없고, 합리적 추론에 따라 잘못이 확실한 사람들이 탐욕으로 기존의 태도를 계속 고집한다면, 우리는, 여러 국가의 군주들의 존엄에, 어디의 누구든 모든 국민들의 신의에, 호소한다.

　내가 제기하고 있는 사안은 복잡하거나 뒤얽힌 문제가 아니다. 그것은 심연의 모호함 속에 둘러싸인 것으로 보이는 신학에서의 애매한 항목들에 관한 문제가 아니다. 신학의 문제는 매우 오랜 기간 동안 맹렬하게 논쟁되어 왔고, 현명한 사람들은 애매한 항목에 대해 동의를 강요하는 경우만큼 더 진리가 발견되기 어려운 일은 결코 없다는 것을 거의 확신하여 왔다. 그것은 우리 정부의 정치체제나 무력으로 쟁취한 것이 아니라 원상 회복시켰던 독립에 관한 문제도 아니다. 이 점에 대해서는, 네덜란드인들의 조상 전래의 법이나 전해 내려온 여러 관행에 대해 정확한 지식을 갖고 있거나 이 나라가 전제적인 왕국이 아니라 법에 기초한 정부라는 사실을 정확하게

---

1) 여기서의 발견하다와 소유하다(occupare)는 동일한 의미이다. 라틴어의 용례에서 발견하다의 반대어는 분실하다(perdere)이다. 2장 참조(옮긴이 주).

인식하는 사람들은 올바른 결정을 내릴 수 있다. 하지만 후자의 사안에 대해, 더 이상 그들의 신념에 복종하도록 강요받지 않는 공정한 판정자는 설득되어 왔다. 많은 국민들의 공적 권위는 선례를 찾고 있던 사람들을 전적으로 납득시켜 왔다. 그래서 심지어 아둔하고 악의적인 우리 적대국들의 (네덜란드 독립에 대한) 승인도 의심의 여지가 없게 된다.

그러나 여기서 내가 제기하는 것은 이상과 같은 문제들과는 아무런 공통점도 없다. 이것은 어떠한 까다로운 검증이 필요한 것도 아니다. 이것은 많은 사람들이 이해하지 못하는 조항들이 산재한 신의 법전에 대한 해석에 의존하는 것도 아니며, 타국의 사람들은 제대로 알지 못하는 어떤 한 국가의 칙령에 대한 해석에 의존하는 것도 아니다.

우리가 제기한 소송은 법에 근거하여 결정되어야 하며, 그 법은 만민에게 동일한 것이기 때문에 발견하는데 어렵지 않다. 또 그 법은 만인에게 선천적인 것이며 그들의 머리에 각인된 것이기 때문에 이해하기 용이하다. 더욱이 우리가 호소하는 이 법은 어떤 국왕도 그의 신민에 대해 적용하는 것을 거부해서는 안 되며 어떤 크리스트교도도 비-크리스트교도에 대해 적용하는 것을 거절해서는 안 되는 그런 종류의 법이다. 왜냐하면 그것은 만민의 공동의 모태인, 자연으로부터 나온 법이며, 그 빛이 만민을 비추며, 그 영향력은 국민들을 통치하는 사람들에게 널리 퍼져있고, 그리고 그 법이 양심적으로 가장 공정한 사람들에게 가장 신성한 것으로 준수되기 때문이다.

여러 국가의 군주들이여, 국민들이여, 이 소송을 심리하라. 우리가 무언가 부당한 것을 요구한다면, 여러분들의 권위와, 그리고 여러분들 가운데 우리나라와 더 근접한 사람들의 권위는 우리가 관심을 갖는 점에 대하여 항상 어떻게 판단해 왔는지 알 것이다. 우리에게 그 사실을 알려주면, 우리는 그에 따를 것이다. 만약 우리가 이번 일에 잘못을 저질렀다면, 우리는 여러분들의 분노를, 그리고 심지어 인류의 증오를 피하기 어려울 것이다. 그렇지만 만약 우리가 정당하다면, 여러분들이 이 사안에 대해 무엇을 생각하고 행동 과정에서 무엇을 추구해야 할 것인지는 여러분들의 정의와 공정성을 믿는다.

고대에, 비교적 문명화된 국민들 사이에서 다툼 해결을 중재로 해결하려는 사람들을 무기로 공격하는 일은 최대의 죄악으로 간주되어 왔다. 그러나 거의 모든 사람들이 수용하는 그토록 공정한 중재를 거절하는 사람들에 대해서는, 어떤 한 국민의 적이 아니라 만인의 적으로서 간주하여 공동의 지략으로 이들의 시도를 압도하였다. 그런데 지금의 이 사안을 위해, 여러 조약들이 체결되었고 중재재판관들이 임명된 사실을 우리는 알고 있다. 여러 국가의 왕 자신들과 막강한 국민들은 교만한 사람들을 억누르고, 무력하고 무고한 사람들을 지원하는 일처럼 고귀하고 영예로운 것은 없다고 생각해 왔다.

만약 오늘날에도 인류에 관련된 매사를 그 자신의 문제와 연동된 것으로 고려하는 위의 관행을 중시한다면, 우리는 틀림없이 훨씬 더 평화로운 세상에서 살 것이다. 왜냐하면 많은 사람들의 무모한 시도는 훨씬 더 억제되었을 것이고, 당장의 이익을 위해 정당성을 무시하는 자들이 자신의 손해로 귀결되는 부당한 행위의 교훈을 고려하여 그러한 시도를 중단할 것이기 때문이다.

　우리는 우리가 제기한 소송 건에 관해 그저 막연한 희망을 품는 것이 아니라고 확신해 왔다. 아무튼 여러분들이 사실에 근거하여 이 사안을 정당하게 판단한다면 평화를 지연시키고 전쟁의 원인이 된다고 우리를 기소할 수 없을 것이라고, 우리는 확신한다. 그렇기에 여러분들은 지금까지 우리에게 너그러운, 오히려 호의적인 친구였던 것처럼, 우리는 여러분들의 이런 태도를 계속 유지할 뿐만 아니라 미래에는 훨씬 더 우호적인 친구가 될 것이라고 확신한다. 행복의 첫 번째 조건은 올바른 행동을 하는 것이라고 생각하는 사람에게 이보다 더 바람직한 일은 없을 것이다. 행복의 두 번째 조건은 올바른 행동으로부터 오는 좋은 평판이다.

제1장
모든 사람은 만민법에 의해 자유롭게 항해할 수 있다

나의 집필 의도는 네덜란드인들, 즉 네덜란드 연방의 신민들은 그들이 현재 누리고 있는 것처럼 동인도제도로 항해하여, 그곳 사람들과 통상을 할 권리가 있다는 사실을 간결하고 명료하게 증명하는 일이다. 나는 제1의 법, 제1의 원칙이라 불리는 만민법의 구체적이고 의심의 여지없는 공리—말하자면 그 정신이 자명하고 의심의 여지가 없는 공리—를 내 주장의 토대로 삼을 것이다. 모든 국민은 다른 국민이 있는 곳으로 자유롭게 항해하고, 그들과 자유롭게 교역할 수 있다.

신은 자연의 목소리를 통해 이 공리를 웅변한다. 신은 자연이 생활을 위해 필요한 일체를 모든 장소에 제공하기를 바라지 않고, 또 신은 어떤 국가의 국민이 특정 기술에 능하고 또 다른 국민은 그와 다른 기술에 능하도록 정해놓았기 때문이다. 개개 국민이 자신들은 자족하고 있다고 생각하여, 그럼으로써 서로 교류하지 않게 되는 일이 없도록, 신이 상보적인 필요와 자원을 통해 민족들 간의 인간적 우애가 촉진되도록 만들었다. 이런 이유가 아니라면, 상기 공리에 대한 신의 의도를 도대체 무엇으로 설명할 것인가? 그리하여 신이 정한 정의로운 법칙에 따라 어느 한 나라의 국민이 다른 어느 나라의 국민의 결핍을 보충한다. 이렇게 함으로써 로마의 소(小) 플리니우스가 말하는 것처럼[1] 어떤 곳에서 생산된 일체는 만인의 소비를 위해 생산될 운명을 지닌 것처럼 보인다. 베르길리우스 또한 이 사실을 이렇게 현명하게 노래한다.

모든 토지에서 모든 작물이 자라는 것은 아니다.[2]

그리고 다른 곳에서 이렇게 노래한다.

다른 사람들은 (농사가 아니라) 청동을 두들겨 살아 숨 쉬는 것 같은 형상들을 생산한다.[3]

따라서 이 법칙(항해와 통상의 자유)을 부정하는 자들은 가장 칭송할만한 국민간의 연대를 파괴하고, 국민들 상호간의 상보할 기회를 제거하는 바, 달리 표현하면 자연의 법칙을 거스른다. 왜냐하면 신이 모든 육지를 둘러싸고 만든, 어느 곳으로도 항해가 가능한 대양과, 때에 따라 어떤 구역에서 혹은 다른 구역에서 부는, 규칙적이거나 불규칙적으로 부는 바람들은, 자연이 만국의 국민이 다른 나라의 국민과 접촉할 권리를 허용해왔다는 차고 넘치는 증거가 아니겠는가? 세네카는 도처에 분산되어 있는 여러 민족을 자연이 바람을 통해 연결지운 일과 상호간의 통상이 인류에게 필요하도록 모든 자연의 생산물을 여러 영역에 분산시킨 일을 자연 최고의 서

---

1) 소(小) 플리니우스(Gaius Plinius Caecilus Secundus 61-113), 『찬가 (Panegyricus)』, 29, 2. "어딘가에서 생산된 것이 있으면 그것은 만인을 위해 생겨난 것처럼 보인다."[소(小) 플리니우스는 트리야누스 황제 시기의 집정관이었다].
2) 베르길리우스(Publius Vergilius Maro), 『농경시(Georgics)』, II, 109.
3) 베르길리우스, 『아이네이스』 VI, 847-853.

비스로 생각한다.[4] 따라서 이 권리(항해와 통상의 자유)는 모든 국가의 국민에게 동등하게 속한 것이다. 실제로 가장 총명한 법학자들은 어떤 국가 혹은 군주가 외국인이 자국의 신민들에게 접촉하여 통상하는 것을 금지할 수 있다는 사실을 부정하는 데까지 그 권리(항해와 통상의 자유)의 적용을 추진하고 있다.[5] 그리하여 가장 신성한 호혜의 법칙이 유래한다. 베르길리우스는 다음과 같이 한탄한다.

> 이들은 대체 어떤 유형의 사람들입니까?
> 이곳은 어떤 야만국이기에 그런 식으로 행동하는 것이 허용됩니까?
> 우리는 해안가에 접근하는 것조차 금지 당했습니다.
> 그들은 싸움을 걸어와 우리를 잔인한 바다로 다시 내몰았습니다.[6]

또 같은 시의 다른 부분에서는 이렇게 이야기하고 있다.

> … 안전한 선착장과 그리고 만인에게 개방되어 있는
> 물과 공기를 청하고 있습니다.[7]

---

4) 세네카(Lucius Annaeus Seneca), 『자연의 제 문제(Naturales Questiones)』, Ⅲ, Ⅳ.
5) 가이우스(Gaius), 『법학제요(Institutes)』, Ⅱ, 1 (「사물의 분류」§ 1); 『학설휘찬(Digest)』, Ⅰ, 8, 4; 『칙법휘찬(Code)』, Ⅳ, 63, 4.(유스티니아누스 황제 시대에 만든 4개의 법전 『칙법휘찬』(529), 『법학제요』(533), 『학설휘찬』(533), 『신칙법(Authenticum)』(534−565)을 합쳐 로마법대전(Corpus Iuris Civilis) 또는 유스티니아누스 법전이라고도 한다. 프랑스의 로마 법학자 고토프레두스(Dionysius Gothofredus, 1549~1622)가 교회법대전(Corpus Iuris Canonici)에 대응한 세속법의 총칭으로 붙인 명칭이다); 젠틸리(Gentili), 『전쟁의 법에 관하여(De jure bellis)』, Ⅰ, 19; 〔그로티우스는 그의 선임자인 젠틸리(1552−1608)를 특별하게 언급한다. 젠틸리는 잉글랜드로 이주해 온 이탈리아 인으로 옥스퍼드 대학의 시민법 흠정교수로 근무하였고, 1558년『전쟁의 법에 관하여』를 출간하였다〕.
6) 베르길리우스, 『아이네이스』, Ⅰ, 539−540.
7) 베르길리우스, 『아이네이스』, Ⅶ, 229−230.

우리는 몇 차례의 전쟁이 바로 이 문제(항해와 통상의 자유)로 인해 야기되어 왔다는 것을 안다. 예를 들면 아테네 시민들에 대항한 메갈라인(Megarian)들의 전쟁이나,[8] 베네치아 시민들에 대항한 볼로냐인들의 전쟁 말이다.[9] 그리고 빅토리아(Victoria)는 스페인인들이 아메리카 원주민이나 아즈텍인들에 대한 선전포고의 정당성으로 다음과 같은 사유를 들었다면, 그 정당성이 훨씬 더 부각되었을 것이라고 생각하고 있다.[10] 가령 스페인 사람들이 아메리카 원주민이 있는 곳으로 여행하거나 원주민과 교류하는 것을 금지 당했거나, 만민법 혹은 모든 국민들에게 공유되는 관행에 의해 보장되는 여행과 교류의 권리를 인정받지 못했거나, 그리고 결국 통상을 거부당하였다는 사유 말이다.

우리는 모세의 이야기 속에서도 비슷한 사례를 읽을 수 있고,[11] 또한 아우구스티누스의 저술 속에서도 그 사례를 발견할 수 있다.[12] 아모리인

---

8) 디오도로스 시쿨로스(Diodorus Siculus), 『역사문고 (Bibliotheca historica)』, XI; 플루타르크(Plutarch), 『영웅전』, 「페리클레스」, XXXI, 4. 〔메갈라인들이 아테네인들이나 아테네제국의 도시들과 교역하는 것을 금하였던 아테네의 포고령은 펠로폰네소스 전쟁의 주원인 중의 하나였다〕.

9) 카를로 시고니오(Carlo Sigonio), 『이탈리아 왕국에 대하여』, 〔시고니오(1523–1584)는 이탈리아 인문주의자이다〕.

10) 빅토리아(Victoria), 『인디오에 관하여』, II, n. 1–7; 코바루비아(Covarruvias), 『교령집제4권주해(Variarum resolutionum ex jure pontificio regio et cæsareo libri IV)』, 「죄(Pecatum)」의 장, § 9, n. 4, 5판본. 〔빅토리아(Franciscus de Victoria, 1480–1546)는 유명한 스콜라학자이자 도미니크회 수사이며 1521년부터 임종할 때까지 살라망카의 신학교수로 활동했다. 그의 전집 13권(『인디오에 관하여』는 5권)은 1557년 사후에 출간되었다. 1686년 쾰른 판본이 최고로 간주된다〕. 〔코바루비아(Diego Covarruvias, 1512–1577)는 스페인의 바르톨로(Bartolo, 이탈리아의 유명한 법률학자)로 불렸다. 그는 트렌트 공의회의 개혁 칙령의 제정에 기여하였을 것이다. 그의 전집 중 5권(1762년 안티워프판본)이 최고다〕.

11) 『민수기(The Book of Numbers)』, XXI, 21–26.

12) 아우구스티누스, 『구약권두7서에 관한 제문제(Locutionum in heptateuchum libri VII)』, IV (『민수기에 관하여』), 44; 에스티우스(Estius), 『아우구스티누스 주석(Notes on the works of Saint Augustine of Hippo)』, 마지막 장 23, 4, 2. 〔에스티우스(?–1613)는 성 바울의 서간과 성 아우구스티누스 저서에 관한 네덜란드 주석가였다〕.

(Amorite)들이 주민에게 해를 끼치지 않고 통행할 이스라엘 민족의 권리, 즉 인간 사회의 법에 의해 만인에게 평등하게 허용된 권리를 인정하지 않았기 때문에 이스라엘 민족은 그들에 대해 정의로운 전쟁을 포고하였다. 또 헤라클레스는 이 원칙(무해통행권)을 사수하기 위해 보이오티아의 오르코메노스(Orchomenus) 왕을 공격하였다. 아감메논 휘하의 그리스 군이 무시아(Mysia)의 왕을 공격한 것도 같은 이유에서였다.[13] 발두스(Baldus)가 공도(公道)는 자연본성에 의해 자유롭게 통행할 수 있었다고 말해 왔던 것처럼 무해통행권을 이유로 말이다.[14] 타키투스는 그의 저술에서,[15] 로마인들도 게르만인들이 "그들과 대화하고 교류하는 것을 방해하고 또 수로와 육로, 그리고 하늘의 공기조차도 게르만 민족에게 봉쇄했다"고 비난하고 있다. 또 일찍이 크리스트교도의 성지로 자유롭게 출입할 권리가 이교도들에 의해 방해를 받았던 일은 사라센인들에 대한 십자군 파병의 가장 좋은 구실이 되었다.[16]

그러므로 다음과 같이 귀납할 수 있다. 포르투갈인들은 설령 네덜란드인들이 여행하는 여러 영역에 대해 주권을 가졌다고 하더라도, 그들이 네덜란드인들의 그곳으로의 출입과 교역을 방해한다면, 그것은 네덜란드인들에게 위해를 가하는 불법 행위가 될 것이다.

그렇다면, 그것은 만국의 이해와도 관계없고 공도의 통행과 무관한 주

---

13) [그로티우스는 소포클레스, 『트라키스의 여인들(Trachiniae)』을 언급하지만, 아마도 기억에 의존한 것으로 보인다. 소포클레스의 저서에는 그와 같은 주가 없기 때문이다].

14) 발두스 데 우발디스(Baldus de Ubaldis), 『법률 조언집(Consilia)』, III, 293. [발두스(1327-1406)는 유명한 바르톨로의 제자였다].

15) 타키투스, 『역사』, IV, 64.

16) 안드레아 알치아티(Andrea Alciati), 『주해집(Commentaria)』, VII, 130; 코바루비아, 「죄」의 장, 2쪽 § 9; 바르톨로, 『칙법휘찬』, I, 11. [알치아티(1492-1550)는 황제 카를로스 5세로부터 팔라틴의 백작으로 봉해졌으며, 교황 바오로 3세로부터 추기경을 제안 받았으나 거절하였다. 그러나 그는 교황청의 대서기관이 되었다].

권 행사로 인해 상호간의 상업적 교역이 차단된 국민들에게 엄청난 위해를 가하는 것이 아니겠는가? 노상강도나 해적을 우리가 비난하도록 만드는 주된 사유는, 바로 그들이 우리의 교역 루트를 교란시키고 방해한다는 것 아닌가?

제2장
포르투갈인들은 발견을 근거로 네덜란드인들이 항해하는 동인도제도에 대한 주권을 갖지 못한다

포르투갈인들은 네덜란드인들이 항해하는 동인도제도의 여러 지역, 예를 들면 자바 섬, 타프로바네 섬,[1] 그리고 몰루카제도 대부분의 주권자가 아니다. 포르투갈인들이 동인도제도의 주권자가 아닌 사실에 대해, 나는 누구도 자신이 결코 소유한 적이 없는 사물, 혹은 자신의 명의로 보유한 적이 없는 사물의 주권자가 될 수 없다는 논란의 여지가 없는 논거로 입증한다. 앞서 거론한 섬들은 각각 자신의 왕, 정부, 법률과 사법체제를 소유하였으며 지금도 소유하고 있다. 원주민들이 포르투갈인들에게 그들과의 교역을, 그들이 다른 국가의 국민에게 허용한 특혜와 동일한 조건으로, 허용하였다. 그렇기에 포르투갈인들이 공물을 바치고 그곳의 통치자로부터 교역 허가를 획득한 만큼, 이러한 사실로 미루어보아 포르투갈인들은 그곳에 주권자가 아니라 외국인으로 갔다는 것이 충분히 입증된다. 실제 그들은 통치자의 묵인 하에 거기에 거주하고 있을 뿐이다. 그리고 사물을 소유

---

1) 〔타프로바네(Taprobane)는 실론의 옛 지명이다. 밀턴은 『복낙원』, Ⅳ, 75에서 이를 언급한다. "그리고 저 극동의 인도 섬, 타프로바네"〕.

하는 것과 사물을 획득할 권리를 갖는 것은 다르기 때문에, 소유가 전제조건인 만큼, 주권이라는 권리는 불충분하지만, 나는 동인도제도에서 포르투갈인들이, 학자들, 심지어 스페인 학자들의 견해에 의하더라도 주권에 해당되는 권리조차도 전혀 갖고 있지 못한다고 확신한다.

무엇보다도 먼저, 만약 포르투갈인들이 이러한 땅은 그들이 그것을 발견한 일의 보상으로 그들의 관할권 하에 놓이게 되었다고 말한다면, 그들이 말하는 바는 법적으로도 사실적으로도 거짓이다. 왜냐하면 고르디아누스(Gordianus)가 그의 편지들 중 한 편에서 쓰고 있듯이,[2] 사물을 발견한다는 것은 눈으로 그것을 포착할 뿐만 아니라 실제로 소유하는 것이기 때문이다. 그렇기에 문법학자들은 '발견하다(invenire)'와 '소유하다(occupare)'는 같은 것을 의미하는 동사라고 주장한다.[3] 또한 내가 익숙한 라틴어의 모든 용례는 '발견하다'의 반대어가 '분실하다(perdere)'라는 것을 말해주고 있다. 하지만 자연의 섭리 그 자체, 자연법의 정확한 의미와 박식한 사람들의 해석[4] 모두는 발견의 행위가 실질적인 소유를 수반할 때에만 주권의 확실한 권한을 충분하게 부여할 수 있다는 것을 보여준다. 그리고 이러한 해석은 동산이나 획정된 경계에 의해 실질적으로 둘러싸이고 관리되는 부동산에 대해서만 적용된다.[5] 이와 같은 주장은 이번 건(포르투갈의 동인도제도에 대한 주권 주장)에 대해서는 성립될 수 없는 말이다.

---

2) 『칙법휘찬』, Ⅷ, 40. 13. 〔고르디아누스(Fabius Claudius Gordisnus, 468-533)는 라틴교부의 일원인 베네딕트회 수도사였을 것이다〕.
3) 노니우스 마르첼루스(Nonius Marcellus), 「소유하다'occupare' 라는 동사의 여러 표현과 다양한 의미에 대하여」(W.M. Lindsay, Nonius Marcellus), vol. Ⅱ, p. 562); 코난(Connan), 『로마법 주석(Commentaries on the civil law)』, Ⅲ, 3; 도노(Doneau), 『로마법에 관한 주석』, Ⅳ, 10, 참조. 〔코난(François de Connan, 1508-1551)은 알치아티의 제자인 프랑스 법학자였다; 도노(Hugues Doneau 1527-1591)는 『학설휘찬』과 『칙법휘찬』에 관한 다수의 주석서를 편찬한 유명한 프랑스 법학자였다〕.
4) 『법학제요』, Ⅱ, 1, 13.
5) 『학설휘찬』, XLⅠ, 2, 3.

왜냐하면 포르투갈인들은 그 땅에 어떠한 방위시설도 운영하지 않고 있기 때문이다. 포르투갈인들이 어떤 그럴듯한 논리를 갖다 붙이더라도 수세기 전부터 널리 알려진 나라인 동인도제도를 발견했다고 주장할 수 없다! 그 땅은 다음과 같이 노래하고 있는 호라티우스(Horatius)의 인용구가 보여 주듯이 이미 아우구스투스 황제 시대부터 알려져 있었다.

> 모험심으로 충만한 상인은 가난한 생활을 피해 바다 건너 이 세상 끝의 인 도로 나아간다. [6]

그리고 로마인들은 실론 섬의 대부분에 대해 대단히 정확하게 기술하고 있지 않은가?[7] 그리고 동인도제도 이외의 섬들에 관해서, 포르투갈인들이 알기 이전에 이미 이웃한 페르시아인들이나 아라비아인들이 알고 있었을 뿐만 아니라 유럽인들, 특히 베네치아인들은 잘 알고 있었다.

그런데 상기의 사실들에 더하여, 발견 그 자체(per se)는 그 발견 이전에 그 대상물이 무소유 상태(res nullius)가 아니라면, 그 대상물에 대해 어떤 법적 권리도 부여하지 않는다. [8] 그러므로 동인도제도 사람들은, 포르투갈인들이 도착하였을 때 그들 중 일부가 우상숭배자이거나 이슬람교 도이거나, 그리하여 중대한 죄악을 짓고 있었다 하더라도, 자신의 동산 및 부동산의 소유권을 공적으로도 사적으로도 갖고 있었고, 그들은 정당한 사유가 없는 한 그 소유권을 상실할 수 없었다. [9] 그리하여 스페인의 학자 빅

---

6) 호라티우스, 『서간집(Epistulae)』, I, 44-45.
7) 대(大) 플리니우스(23-79), 『자연사(Natural History)』, VI, 22. [로마제국의 고관으로 조카인 소(小) 플리니우스와 구별하기 위해 대(大) 플리니우스라 불린다. 박학다식한 인물로 많은 저작을 남겼다고 하나, 오늘날 전해지는 것은 『자연사』가 유일하다].
8) 『학설휘찬』, XLI, 1, 3.
9) 코바루비아, 「죄」의 장, § 10, n. 2, 4, 5.

토리아는 매우 저명한 다른 학자들의 뒤를 이어 지극히 확실한 합리적 근거에 의해 다음과 같이 결론짓고 있다.[10] 즉 속인이든 성직자이든 기독교도들은 이교도들이 불신앙 이외에 다른 죄악을 범하지 않는 한, 그들이 이교도라는 구실만으로 그들의 시민권이나 주권을 박탈할 수 없다.

토마스 아퀴나스가 정확하게 말하고 있는 것처럼,[11] 왜냐하면 신앙은 자연법이나 인간의 법으로부터 유래한 주권을 무효화하지 않기 때문이다. 단언컨대 이교도는 자신의 재산의 소유주가 아니라고 믿는 것은 이단이다. 결론적으로 말하면 이교도의 신앙을 이유로 그들 소유물을 그들로부터 빼앗는 일은 크리스트교도에 대한 도둑질이나 강도질과 다를 바 없다.

그렇다면 빅토리아가 다음과 같이 말하는 것은 옳다.[12] 가령 동인도제도의 원주민 선조가 우연히 스페인에 도착하게 된 최초의 외국인이었다면 이를 이유로 그들이 스페인인들에 대한 법적 권리를 가질 수 없듯이, 스페인인들이 동인도제도 원주민의 종교를 이유로 그들에 대한 법적 권리를 가질 수 없다. 더욱이 동인도제도 사람들은 우매하지도 무분별하지도 않다. 오히려 그들은 머리가 좋고 영민하며, 따라서 그들의 특성을 이유로 원주민을 지배할 구실을 찾는 일은 전혀 불가능하다. 그와 같은 구실 그 자체는 명백하면서도 완전히 부당하다. 이미 일찍이 플루타르크(Plutarch)는 오랑캐를 점령할 구실을 제공하였던 것은 다름 아닌 바로 탐욕이며, 오랑캐를 교화시킨다는 구실 이면에는 타인의 재산에 대한 탐욕스러운 욕망이 존재한다는 것이 자명하다고 말했다. 그리고 지금도 역시 어떤 민족의 의지와 상관없이 그 민족을 더 문명화된 상태로 교화시킨다는 널리 알려진 구실, 한 때 그리스인들이나 알렉산더 대왕이 즐겨 사용했던 구실은 모든

---

10) 빅토리아, 「시민적 권한에 대하여」, I, 9.
11) 토마스 아퀴나스, 『신학대전(Summa)』, II, II, q. 10, a. 12.
12) 『인디오에 대하여』, I, 4-7, 19.

신학자들, 그 중에서도 스페인의 신학자들[13)]에 의해 부당하고 경건하지 못
한 것으로 간주된다.

---

13) 바스케스(Vasquius 1512-1569), 『잘 알려진 논쟁 문제(to Controversiae illustres』, 서문 (n. 5).
   〔바스케스(Ferdinand Manchaea Vasquez, 1509-1566)는 저명한 스페인 법학
   자이며, 그는 자국에서 최고의 영예를 누렸다. 텍스트에서 그로티우스는 바스케
   스의 표기를 Vasquius와 Vasquez로 혼용하여 사용하고 있다〕.

제3장

포르투갈인들은 교황의 증여를 근거로 동인도제도에 대한 주권을 갖지 못한다

다음으로, 포르투갈인들이 교황 알렉산더 6세에 의한 대양의 분할을 동인도제도에서의 지배권의 근거로 이용한다면, 무엇보다도 먼저 두 가지 점을 고려해야만 한다.

첫째, 교황은 단순히 포르투갈인들과 스페인인들 사이의 분쟁을 해결하고자 했는가?

교황이 양국의 중재자로 선택되었던 만큼 조정은 명백히 교황의 권한 안의 일이었고, 실제로 양국의 왕들이 이 문제에 대해 이미 서로 간에 일종의 조약들을 체결하였다.[1] 사실이 그렇다면, 그 사안이 스페인인들과 포르투갈인들에만 관련된 것이라는 사실을 고려하면, 교황의 결정은 당연히 다른 나라 국민들에게 구속력을 갖지 못할 것이다.

둘째, 교황은 양국의 국민들에게 각각 세계의 3분의 1을 제공하고자 했는가?

---

1) 〔오소리우스(Osorius) 참조. 그로티우스는 오소리우스를 언급하지만 각주를 달진 않았다〕.

그런데 설사 교황이 그렇게 하고 싶었다 하더라도 또 그리 하는 것이 가능했다 하더라도, 교황의 행위가 그 영토에 대한 포르투갈의 주권을 부여하진 못할 것이다. 왜냐하면 주권을 생성시키는 것은 증여가 아니라, 주권은 어떤 대상의 양도 결과이며,[2] 양도한 대상의 소유의 결과이기 때문이다.

만약 혹자가 자신의 이해를 고려하지 않고, 신의 법 혹은 인간의 법을 엄밀히 검토한다면, 그는 타인의 재산을 대상으로 한 이런 종류의 증여는 아무런 효력이 없다는 것을 쉽게 알 것이다. 나는 여기서 교황의 권력, 즉 로마교회의 주교의 권력에 대해 갑론을박할 생각은 없고, 교황의 권위를 최대한 존중하는 사람들 중에 가장 박식한 사람들, 그 중에서도 스페인 학자들이 인정하는 가설에 근거하지 않은 어떠한 것도 주장할 생각이 없다. 그들은 자신의 통찰력에 의존하여, 주 그리스도가 "나의 왕국은 이 세상에 속한 것이 아니다"라고 말씀하였을 때 주님이 모든 지상의 명령권을 포기하였다는 사실,[3] 그리고 자신이 인간으로서 지상에 있었던 동안 주님이 세계 전체의 지배권을 확실히 갖고 있지 않았다는 사실, 또 설사 갖고 있더라도 그 권리가 베드로나 '그리스도의 대리자' 즉 교황의 권위를 통해 로마교회로 이양되었다는 사실을 용이하게 간파할 것이다. 실제로, 그리스도는 교황이 계승하지 못하였던 많은 권한을 갖고 있었던 만큼,[4] 이들의 표현대로 교황은 세계 전체의 민사상의 혹은 세속의 지배자가 아니라는 사실은 의심의 여지없이 단언되어 왔다.[5] 정반대로, 설사 교황이 지상에서 이

---

2) 『법학제요』, II, 1, 40. (『캠브리지 근대사』 1권, 23-24쪽에서는 1493년 5월 14일의 이 유명한 교황칙서(1494년 6월 7일 토르데시야스 조약으로 수정)에 대한 명문장을 소개하고 있다).
3) 『누가복음』, XII, 14; 『요한복음』, XVIII, 36; 『인디오에 대하여』, I, n. 25.
4) 『인디오에 대하여』, XVI, n. 27.
5) 바스케스, 『잘 알려진 논쟁 문제』, c. 21; 토르케마다(Torquemada), 『교령집주해(In Gratiani Decretum commentarii)』 II, c. 113; 『교령집주해』, XCVI, c. VI. (『진실에 대하여(Cum ad verum)』에 관한 후고(Hugo)의 주석; 성 버나드(St. Bernad), 『교황 에우제니오 3세에게 보내는 편지(Admonitory Epistle to Pope

런 종류의 어떤 권력을 갖고 있다 하더라도, 교황이 그것을 정당하게 행사하는 일은 없을 것이다. 왜냐하면 교황은 그 영적 사법권에 만족해야만 하고, 그리고 그 사법권을 어떠한 방식으로도 세속 군주들에게 양도할 수 없기 때문이다. 그러니까 설사 교황이 어떤 권한을 가진다하더라도, 박식한 학자들이 말하는 것처럼, 영적인 영역에 국한되어 가질 뿐이다.[6] 따라서 교황은 이교도 여러 나라의 국민들에 대한 어떠한 권한도 갖지 못하는데, 왜냐하면 이교도들은 교회에 복속되지 않기 때문이다.[7]

따라서 가예타노(Cajetan)와 빅토리아 그리고 권위를 가진 신학자들과 교회법학자들의 의견[8]에 입각하면 다음과 같이 귀결된다. 즉 교황이 동인도제도의 주권자로서 그 지방에 대한 절대권을 부여했다든지 동인도제도 사람들이 교황의 주권을 인정하지 않는다는 구실에 근거한, 동인도제도의 사람들에게 불리한 (포르투갈의) 명백한 법적 권리(titolo)는 존재하지 않는다. 실제로 그리고 진실로, 그와 같은 구실은 예전에 심지어 이슬람교도들을 약탈할 때도 들먹이지 않았다고 단언할 수 있다.

Eugene Ⅲ』, 2권; 빅토리아, 『인디오에 대하여』, Ⅰ, n. 27; 코바루비아, 「죄」의 장, § 9 n. 7.

6) 『마태복음』, ⅩⅦ, 27; ⅩⅩ, 26;『요한복음』, Ⅵ, 15.

7) 빅토리아, 『인디오에 대하여』, Ⅰ, n. 28, 30; 코바루비아, 『고린도인에게 보내는 편지 Ⅰ에 대하여』, Ⅴ, 말미; 토마스 아퀴나스, 『신학대전』, Ⅱ, Ⅱ, q. 12, a. 2; 아얄라(Balthazar Ayala), 『전시의 의무와 군의 규율에 관한 법에 대하여(De jure et officiis bellicis et disciplina militari)』, Ⅰ, 2, 29. 〔아얄라의 판본 중 최고는 카네기재단에서 출간된 국제법 고전 시리즈(2vol. 워싱턴, 1912)이다〕.

8) 토마스 아퀴나스, 『신학대전』, Ⅱ, Ⅱ, q. 66, a. 8; 실비우스(Francis Sylvius), 『이교도에 대하여(De infidelibus)』, § 7; 『교황 그레고리우스 9세의 교령집』, Ⅲ, 34, 8. 『서약에 대하여』, 「이러한 것에 덧붙여」)에 관한 인노켄티우스(Innocentius)의 주석〔15세기 초에 소집된 콘스탄츠공의회와 바젤 공의회에서 그라티아누스의 『교령집(Decretum Gratiani, 1150)』, 『교황 그레고리우스 9세의 교령집(Decretales Gregorii IX, 1234)』, 보니파키우스 8세의 『교령집 6권(Liber Sextus, 1298)』, 『클레멘스 5세의 교령집(Liber Septimus, 1317)』이 '교회법대전'으로 공인되었다(옮긴이 주)〕; 빅토리아, 『인디오에 대하여』, Ⅰ, n. 31. 〔실비우스(1581-1649)는 벨기에 신학자였다〕.

제4장
포르투갈인들은 전쟁에 의한 권리를 근거로
동인도제도에 대한 주권을 갖지 못한다

빅토리아도 말하고 있는 것처럼[1] 교황의 증여에 의한 포르투갈과 스페인의 권리 주장이 받아들여지지 않는다면, 스페인인들이 서인도제도의 그 먼 땅으로 항해했을 때 그 지방을 점유하는 어떤 권리도 갖고 돌아오지 않았다는 점은 분명하기 때문에 고려되어야 할 유일한 권리가 남아있는데, 그것은 전쟁에 의한 권리이다. 그러나 이 권리가 설사 정당하다 하더라도 정복의 권리에 의한 경우를 제외하면, 이런 종류의 권리는 주권을 확립하는 데 소용이 없다. 즉 점령은 주권의 선행조건이다. 그런데 포르투갈인들은 동인도제도를 점령한 것이 아니었다. 포르투갈인들은 그들이 방문했던 그 땅의 대부분의 원주민들과 전쟁도 하지 않았다. 그리하여 포르투갈인들은 그 곳에서 어떠한 법적 권리를 확립할 수 없었다. 설사 그들이 동인도제도 원주민들로부터 부당한 행위를 겪었다고 하더라도, 전쟁을 하지 않은 이유는 오랜 기간의 평화와 우호적인 통상에 의해 그러한 피해가 상쇄되었

---

1) 『인디오에 대하여』, Ⅰ, n. 31.

던 것으로 간주하였기 때문일 것이다.

사실, 포르투갈인들이 전쟁 발발의 구실로 삼을만한 일은 전혀 존재하지 않았다. 왜냐하면 스페인인들이 아메리카 원주민에게 그랬던 것처럼, 이방인을 전쟁으로 압박하는 자들은 공통적으로 두 가지 구실 중 하나를 트집 삼는다. 자신들이 통상의 권리를 방해받았다거나 혹은 이방인들이 참된 신앙(기독교)의 교설을 인정하려 들지 않는다는 것이다. 그런데 포르투갈인들이 동인도제도 원주민들로부터 통상의 권리를 확보한 것은 확실하므로[2] 적어도 이 점에 대해서 포르투갈인들이 불만을 가질 여지가 없었다. 종교와 관련된 다른 또 하나의 구실도, 보에티우스(Boëthius)가 다음과 같이 회고하고 있는, 그리스인의 이방인에 대한 전쟁 구실에 비해 더 나은 정당성이 있는 것은 아니다.

> 풍습이 다르다는 이유로
> 부당하고 잔인한 전쟁을 일으켜,
> 서로를 창칼로 무너뜨리려 하는가?
> 잔학 행위에는 충분한 정당성도 이유도 없다.[3]

뿐만 아니라 토마스 아퀴나스, 톨레도의 공의회, 그레고리우스, 그리고 거의 모든 신학자, 교회법학자, 법학자들의 의견도 다음과 같이 비슷하다.[4] (이전에 크리스트교국 군주의 신민이었거나 혹은 배교자가 된 자에

---

2) 바스케스, 『잘 알려진 논쟁 문제』, c. 24; 빅토리아, 『인디오에 대하여』, Ⅱ, n. 10.
3) 『철학의 위안(De consolatione philosophiae)』, Ⅳ, 4, 7-10.
4) 토마스 아퀴나스, 『신학대전』, Ⅱ, Ⅱ, q. 10, a. 8; 그라티아누스(Gratianus), 『교령집(Decretum Gratian)』, Part Ⅰ 『구분(Dist.)』, ⅩⅬⅤ, c. Ⅴ. (『유태인에 대하여』), C. Ⅲ(이교도에 대하여); 『교황 그레고리우스 9세의 교령집』, Ⅲ, 34, 8. (『서약에 대하여』, 「이러한 것에 덧붙여」)에 관한 인노켄티우스의 주석; 『칙법휘찬』, Ⅰ, Ⅱ, Ⅰ에 관한 바르톨로의 주석; 코바루비아, 『죄』의 장, § 9, 10; 아얄라, 『전시의 의무와 군의 규율에 관한 법에 대하여』, Ⅰ, 2, 28.

대해서는 전혀 다른 이야기이지만) 이교도들에게 아무리 그럴듯하게 또 충분히 크리스트교 신앙을 설교한다 하더라도, 만약 그들이 이 신앙을 거들떠보지 않았다 하더라도, 이것을 이유로 그들을 전쟁으로 박해하든지 그들의 재물을 뺏는 일은 정당하지 않다는 것이다.[5]

이 점에 대해 카예타노의 말을 그대로 인용해보면 다음과 같다.[6] "그리스도의 이름을 들어본 적이 없는 땅에 살며, 로마제국의 신민이 된 적이 없는 이교도들이 존재하는 것과 마찬가지로, 법적으로 또 실제로 크리스트교국 군주의 세속적 지배를 받지 않는 일부 이교도들이 존재한다. 비록 이교도이지만, 현재 그들의 지배자는 군주정 혹은 민주적 체제 하의 신민을 다스리는 합법적인 통치자이다. 그들은 불신앙을 이유로 자신의 영지에 관한 주권을 박탈당하진 않는다. 왜냐하면 주권은 실정법의 영역에, 불신앙은 신의 법—신의 법은 이미 논증한 것처럼 실정법을 무효로 할 수는 없다—의 영역에 속하기 때문이다. 실제로 나는 불신앙자들의 세속적 영지에 관련된 그들의 주권을 제약하는 어떤 법도 알지 못한다. 불신앙자들에 대해서 어떤 왕이나 황제도, 심지어 로마 교회도, 그들의 토지를 점령하거나 그들을 세속적인 면에서 복종시키기 위해 전쟁을 선포할 수 없다. 그런 전쟁을 위한 어떤 정당성도 존재하지 않는다. 왜냐하면 천상과 지상의 모든 권력을 부여받은 왕들 중의 왕이신 예수 그리스도는 세상의 정복을 위해 무장한 병사가 아니라 '늑대들 속으로 양을 보내듯이' 성스러운 설교자들을 파견하였기 때문이다. 나는 무력으로 영지를 뺏을 수밖에 없었던 모습을 그리고 있는 『구약성서』에서, 이스라엘 백성들이 이교도의 영지에 대한 전쟁을 일으킨 것이 그들의 불신앙 때문이라는 사유를 찾을 수 없다. 전쟁

---

5) 『마태복음』, X, 23.
6) 카예타노(Thomas de Cajetan), 『토마스 아퀴나스 '신학대전' Ⅱ, Ⅱ, q. 4, 66, a. 8에 대하여』, 〔카예타노(1469-1534)는 이탈리아 추기경으로 토마스 아퀴나스, 아리스토텔레스, 그리고 성경에 대한 많은 주석서를 저술하였다〕.

의 사유는 이교도들이 자신들의 영지를 이스라엘 백성이 무해 통행하는 것을 인정하지 않거나, 미디안인(Midianite)들처럼 이스라엘 백성을 공격했기 때문이며, 혹은 이스라엘 백성은 신이 자신들에게 허락한 성역을 되찾기 위한 것이었다. 그렇기에 만약 우리가 전쟁에 의존하여 불신앙자들의 영지로 예수 그리스도의 신앙을 확대하려고 시도한다면, 매우 중대한 죄를 범하게 될 것이다. 그 경우 우리는 그들의 합법적인 지배자가 아니라 오히려 지독한 약탈자가 될 것이고, 부당한 정복자 내지 점령자로서 원상회복의 의무를 지게 될 것이다. 불신앙자들이 있는 곳으로 파견되어야 할 사람들은 설교와 솔선수범을 통해 불신앙자들을 개종시킬 설교자들, 선인들이다. 이들은 이교도들을 제압하거나 약탈하거나, 정복하거나 억지로 개종시키거나, 그리고 바리새인들의 방식으로 '개종시킨 사람들을 그들보다 갑절이나 더 악한 지옥의 자식으로 만들지'[7]는 않는다.

실제로 나는 스페인의 원로회나 신학자들, 그 중에서도 도미니크회 신학자들에 의해 다음과 같은 취지의 결정을 공포하였다는 사실을 종종 듣고 있다. 즉 아메리카 대륙의 원주민은 전쟁이 아니라 하느님의 말씀에 의한 설교로 기독교로 개종되어야 하며, 그들이 종교를 이유로 자유를 박탈당했다면 그들의 자유는 복원되어야 한다. 이러한 정책은 교황 바울 3세도, 또 신성로마제국 황제이자 스페인의 왕인 카를로스 5세의 승인을 받았다고 이야기되고 있다.

지금은 자세하게 언급하지 않겠지만, 포르투갈인들은 돈벌이에만 눈이 멀어 대부분의 지역에서 크리스트교를 전파하는 노력은 전혀 하지 않거나, 실제 그런 일에는 전혀 관심이 없다. 아니 그뿐만 아니라, 아메리카 대륙의 스페인인들에 대해 어느 스페인 사람이 기록하고 있는 것—말하자면 타민족들을 같은 크리스트교 신앙으로 이끌 수 있을 만한 기적도, 증표도,

---

7) 『마태복음』, XXIII, 15.(옮긴이 주).

종교적 삶이나 경건의 실례는 들은 바 없고, 반면 수많은 추문, 악행과 불경건한 행위를 듣는다는 것—은 (포르투갈인들이 진출해 있는) 여기 동인도제도에서도 딱 들어맞는 사실이다.

그렇기 때문에 (포르투갈인들이 동인도제도를) 점거하고 있다거나 점거할 권리가 있다는 사실은 근거가 없으며, 동인도제도 사람들의 재산도 주권도 포르투갈인들 도착 이전에 무주물(res nullius) 상태로 있었던 것으로 간주되어서는 안 되며, 그리고 그러한 재산과 주권은 동인도제도 사람들의 것이므로 타국 사람들이 그들의 재산과 주권을 합법적으로 획득할 수 없다. 말하자면 다툼의 대상이 되는 동인도제도의 국민은 포르투갈인들의 통치 아래에 있지 않고, 그들은 자유로운 사람이며, 자신의 권리를 가진 존재(sui juris)이다. 이 점에 관해서는 스페인 학자들조차도 부정하지 않는다.[8]

---

8) 빅토리아, 『인디오에 대하여』, Ⅱ, 1.

제5장

포르투갈인들은 점령에 의한 권리를 근거로
인도양의 소유와 그곳에서의 항해권을 소유하지 못한다

그러므로 포르투갈인들이 동인도제도의 여러 국민들, 그리고 그 영지와 그곳에 대한 주권에 관해 어떠한 권리도 획득한 적이 없다고 한다면, 그 경우 포르투갈인들이 인도양과 그 곳에서의 항해와 상거래에 관한 배타적 관할권을 획득할 수 있는지 여부를 살펴보자. 먼저 인도양에 관해 검토해 보자.

현재, 만민법의 법률 용어에서, 바다는 통상 누구의 것도 아닌 무주물, 혹은 공공의 것(res communis), 혹은 공적인 것(res publica)으로 명명되고 있다. 이러한 무주물, 공공 또는 공적인 것을 지칭하는 용어들의 의미는, 헤시오도스 이래의 모든 시인들, 과거의 철학자들이나 법학자들의 용례나, 시간의 단순한 간격이 아니라 확실한 논리나 본질적인 특성에 따라 시기를 나눈 특정 시기들의 용례를 따른다면, 가장 적절하게 설명할 수 있을 것이다. 그리고 만약 우리가 자연에서 유래하는 법을 설명함에 있어 자연에 대한 판단이 최고로 존경받는 사람들의 정의와 권위를 차용한다면,

비판받을 이유가 전혀 없다.

그래서 인류의 최초창기에는 사물에 대한 주권과 공유의 의미가 지금의 의미와 달랐다는 것을 알아야만 한다.[1] 왜냐하면 오늘날 주권은 독특한 종류의 소유권, 즉 사실상 타인에 의한 소유를 완전히 배제하는 소유권을 의미한다. 정반대로 우리가 '공유'물이라고 말하는 것은 그 소유권 혹은 소유가, 다른 사람들을 배제한 이해 당사자들 간의 상호 합의나 일종의 동반자 협정에 따라, 이들에 의해 합동으로 유지되는 것을 말한다. 언어의 빈곤은 동일하지 않은 사물들에 대해 동일한 용어의 사용을 강요한다. 그래서 어떤 유사성과 닮음을 이유로 소유와 공유라는 근대 명명법은 원시적 사회의 법에도 적용되었다. 그렇다면 고대에 '공유'라는 것은 단순히 '사유'라는 말의 반대어가 아니었고, 그에 대해 '주권' 혹은 '소유권'은 공유물을 사용하는 법적인 특권을 의미하였다. 이러한 특권은 스콜라 학자들에게는 법률상의 권리가 아니라 실제상의 사용을 의미하였는데,[2] 왜냐하면 오늘날, 법에서 '사용'으로 명명되는 용어는 특수한 권리이며, 혹은 스콜라 학자들의 방식으로 말하면, 타인에게는 허용되지 않은 권리이기 때문이다.

때로는 자연법으로 부르는 최초창기의 만민법에서, 최초창기는 시인들이 어떤 경우는 황금시대로, 어떤 경우는 사투르누스나 유스티티아(Justitia)가 통치하던 세상으로 묘사했는데, 이 시기의 만민법에 따르면 특정한 사적인 권리가 존재하지 않았다. 그러므로 키케로는 "자연 본성상 어떤 사적인 소유물도 존재 하지 않는다"라고 말한다. 그리고 호라티우스

---

1) 파울루스 카스트렌시스(Paulus Castrensis), 『학설휘찬』, I, I, 5. (「정의와 법에 대하여」의 「이 법에 근거하여」)에 관한 주석; 『교령집(Decretum Gratian)』, Parte I, 『구분』, c. 7. (자연법).
2) 바스케스, 『잘 알려진 논쟁 문제』, c. 1, n. 10; 보니파키우스 8세, 『교령집6권 (Liber Sextus Decretalium D. Bonifacii Papae VIII)』, VI, V, 12, 3. (「말의 의미에 대하여」의 「씨앗을 뿌리는 자는」); 클레멘스 5세, 『클레멘스의 칙법 (Clementineæ)』, V, 2. (「말의 의미에 대하여」의 「나는 천국을 포기했다」).

도 이렇게 말하고 있다. "왜냐하면 자연은 그도, 나도, 다른 누구도 사유지의 주인으로 결정한 적이 없기 때문이다."[3] 왜냐하면 자연은 주인을 특정할 수 없기 때문이다. 그러므로 이런 의미에서 우리가 고대에 만물은, 시인들이 최초창기의 사람들은 모든 것을 공유물로 획득하였으며, 유스티티아가 신성한 서약에 의해 재산의 공유를 유지하였다고 말할 때 의미하는, 공유물이었다. 그들은 이 사실을 한층 더 명료하게 설명하기 위해, 최초창기 시대에는 경계선으로 구분된 평야가 없었으며, 상거래 활동이 전혀 없었다고 말한다. 아비에누스(Avienus)는 이렇게 말한다. "구별되지 않은 혼연일체의 모든 토지들은 만인에게 그것들이 공유되고 있었던 것처럼 보인다."[4]

"처럼 보인다"는 어투가 앞서 논의한 것처럼 (공유, 공유물이라는) 단어의 의미가 변해왔기 때문에 적절한 부언으로 보인다. 그런데 여기서 말하는 공유는, 세네카의 인용에서 알 수 있듯이, 사용과 관련성을 갖는다.

> 모든 통로는 만인에게 개방되어 있고,
> 만물은 공동으로 사용되었다.[5]

세네카의 시구를 추론해 보면, (최초창기 만민법의 시대에도) 일종의 주권은 존재했는데, 그것은 보편적이고 무제한적인 주권이었다. 왜냐하면 신은 특정한 이런저런 개인이 아니라 인류 전체에게 만물을 부여하였고, 따라서 다수의 사람, 말하자면 집단이 동일한 사물의 주권자 혹은 소유자가 되는 것을 본질적으로 금하지 않았기 때문이다. 이러한 개념은 근대의 주권의 의미와는 상당히 모순된다. 왜냐하면 오늘날의 주권의 의미는 특정

---

3) 『풍자시(Satires)』, Ⅱ, 2, 129-130.
4) 아라토스(Aratus), 『하늘의 현상(phainomena)』, 302-303.
5) 세네카, 『옥타비아(Octavia)』, 413-414.

한 혹은 사적인 소유권을 포함하고 있어, 그 당시 누구도 소유할 수 없는 사물에 대한 소유권을 말하기 때문이다. 아비에누스는 대단히 적절하게 말하고 있다.

만물은 그것을 찬탈하였던 사람의 소유가 되었다.[6]

한편, 오늘과 같은 소유권 개념으로의 전환은 급격하게 이루어진 것이 아니라 서서히 일어났다는 것이 확실한데, 자연 그 자체가 길을 제시해 주고 있다. 왜냐하면 어떤 사물들이 존재한 이후 그러한 사물들의 사용은, 그 사물들이 다시 사용할 수 없는 사용자의 신체의 일부로 바뀌든지 아니면 사용함으로써 다시 사용하기에 부적절한 상태로 변질되든지 간에, 사물들을 소진시키기 때문이다. 예컨대 특히 먹을 것이나 마실 것과 같은 첫 번째 범주에 속하는 사물들의 사용을 다룰 때, 특정한 유형의 소유권은 사용과 분리될 수 없다는 것이 명백하다.[7] 왜냐하면 '소유'는 타인의 것이 되는 것이 불가능한 방식으로, 사물이 어떤 한 사람의 것이라는 것을 의미하기 때문이다. 이렇게 추론해 나가면, 사적 소유는 의류나 동산 그리고 일부 살아있는 가축과 같은 두 번째 범주에 속하는 사물로 확장되어 갔다.

사적 소유가 초래되었을 때, 예를 들어 대지와 같은 부동산조차도 분할되지 않은 채 남아있을 수 없었다. 왜냐하면 부동산과 같은 사물의 사용은 단순히 소비하는 것으로 끝나지 않기 때문이다. 경작지나 과수는 식품을 얻는 데 사용되며, 목초지는 (양털로 만들어진) 의류를 얻는 데 사용되는

---

6) 아라토스, 『하늘의 현상』, 302.
7) 『학설휘찬』, Ⅶ, 5. (「사용에 의해 소비되든지 감소되든지 하는 여러 사물의 사용에 대하여」); 『교황 요하네스 22세의 교령 부록』, ⅩⅣ, 3 및 5. (「말의 의미에 대하여」의 「창조주에 대하여」 및 「왜냐하면 누군가 어떤 사람들의」); 토마스 아퀴나스, 『신학대전』, Ⅱ, Ⅱ, q. 78.

것처럼 연속적인 소비와 연동되지만 말이다. 그러나 무차별적으로 만인의 사용을 만족시킬 만큼 경계가 확정된 부동산은 충분하게 존재하진 않는다.

소유물 혹은 사적 소유가 고안되었을 때, 소유권의 법규는 자연을 모방하여 만들어졌다. 왜냐하면 소유물이 최초로 생겨난 기원에 대해 앞에서 말하였듯이, 그것의 사용은 신체적인 필요와 연관되어 시작되었기 때문에, 그와 마찬가지로 유사한 연관성에 의해 사물들이 개인의 소유물이 되도록 결정되었던 것이다. 이것은 '점유(occupatio)'라고 명명하는데, 이 용어가 그 이전에는 공유물 상태에 있었던 사물들에 매우 부합하는 단어이다. 세네카는 그의 비극 『티에스테스(Thyestes)』에서 다음과 같이 풍자하고 있다.

범죄는 우리들의 공유물인 것이 한 개인에 의해 점유되는 것을 말한다.[8]

또 그는 그의 철학저서에서 다음과 같이 말한다. "기사 신분 구역의 좌석들은 기사 누구든지 앉을 수 있다. 그러나 그 중에서 내가 차지한(occupavi) 좌석은 내 소유(proprius)물이 된다."[9] 여기에서 퀸티리아누스(Quintilianus)는 (자연에 의해) 만인을 위해 창조된 것은 노동(에 의해 그것을 얻은 자)의 보수다[10]라고 말했고, 또 키케로는 오랜 기간 동안 점유하여 왔던 사물들이 원래는 공유상태의 그 사물들을 발견한 사람들의 소유물이 되었다[11]고 말하고 있다.

하지만 예를 들어 야수의 경우처럼 점거에 저항하는 사물들에 관해서는, 이러한 점유나 소유는 끊임없이 계속 유지되어야 하지만, 그 외의 저

---

8) 『티에스테스(Thyestes)』, 203-204.
9) 『선행에 대하여(De Beneficiis)』, Ⅶ, 12, 3.
10) 『웅변가교육(Institutio Oratoria)』, ⅩⅢ. (『가난한 사람을 위해』).
11) 키케로, 『의무론(De Officiis), Ⅰ.

항하지 않는 사물에 관해서는 일단 물질적 소유가 취해졌다면 소유의 의도가 계속 유지되는 것으로 충분하다. 동산에 관한 소유는 손에 움켜쥐는 일이지만, 부동산에 관한 소유는 건물을 세우든지 경계로 에워싸는 행위를 의미한다. 그렇기에 헤르모게니아누스(Hermogenianus)는 개별적으로 분리되는 소유권을 말할 때, 울타리를 세움으로써 땅에 경계선이 정해지거나 그 땅에 건물이 설치되었다고 부언하고 있다.[12] 사물의 이러한 상태에 대해 베르길리우스와 오비디우스는 다음과 같이 묘사한다.

> 그때 야수를 포획하기 위한 올가미와 새를 사로잡을 끈끈이를
> 사람들이 생각해낸 것이다.[13]

> 그때 처음으로 사람들이 주택을 건설하였다.[14]

> 그리하여 개인의 소유를 표시하는 토지의 경계가 정해졌는데,
> 왜냐하면 그전에 모든 것은 햇빛과 같이 공유되었기 때문이다.[15]

헤르모게니아누스가 이야기한 것처럼, 다른 곳에서 오비디우스는 통상을 칭송하며, 통상을 위해:

> 순풍에 돛을 단 배들은 미지의 바다로 나아간다.[16]

라고 노래한다.

그리고 이와 동시에, 국가들이 설립되기 시작했고, 그렇게 하여 애초 공동 소유였던 사물들이 두 종류로 바뀌었다. 그 하나는 공유물 즉 한 국

---

12) 『학설휘찬』, I, I, 5. (『정의와 법에 대하여』의 「이 법에 의해」).
13) 베르길리우스, 『농경시』, I, 139-140.
14) 오비디우스, 『변신이야기(Metamorphoses)』, I, 121.
15) 오비디우스, 『변신이야기』, I, 135-136.
16) 오비디우스, 『변신이야기』, I, 134.

가의 국민 전체의 소유물(이것이 '공공물'이라는 말의 본래 의미이다)이고, 다른 하나는 사적인 소유물 즉 개개인의 소유물이다. 하지만 공적인 소유와 사적인 소유는 동일한 방식으로 성립된다. 이점에 대해 세네카는 "우리는 일반적으로 아테네인들의 영토라든가 캄파니아인들의 영토라고 말한다. 그 영토는 사적인 경계를 통해 다시 개개인의 소유자들에게 분리된다"[17]고 말했다. 그는 다른 곳에서 "왜냐하면 각 민족은 자신들의 영토를 분리된 왕국으로 건립하였고, 새로운 도시들을 건설했기 때문이다"고 말한다.[18] 따라서 키케로 이렇게 말한다. "아르피눔(Arpinum) 땅은 아르피눔인의 소유, 투스쿨룸(Tusculum) 땅은 투스쿨룸인의 소유라고 말해지며, 사적 소유권의 할당도 이와 마찬가지다. 그리하여 자연본성상 공유물이었던 것들 중의 일부가 개개인의 재산이 되었던 점을 고려하면, 각 개인은 자신의 몫으로 할당된 소유권을 보유해야 한다."[19] 한편 투키디데스는 어떤 국민에게도 할당되지 않은 토지의 분할에 즈음하여 어떤 나라의 국민의 소유에도 속하지 않는 토지를 경계가 모호한(ἀόριστος)[20] 토지라고 부르고 있는데, 즉 정해지지 않은, 경계선에 의해 한계가 정해지지 않은 토지를 말한다.[21]

　여기까지 언급해 왔던 것들로부터 두 가지 결론을 도출할 수 있다. 첫째는 점유가 불가능한 또는 결코 점유된 적이 없는 사물은 누구의 소유도 될 수 없다. 왜냐하면 모든 소유권은 점유로부터 시작되었을 것이기 때문이다. 둘째는 어떤 사람이 사물을 사용해도, 그럼에도 불구하고 다른 사람들이 공동으로 사용해도 충분할 정도로 자연에 의해 제공되어왔던 사물은

17) 『선행에 대하여』, Ⅶ, 4, 3.
18) 『옥타비아』, 431-432. 〔그로티우스는 여기서 원문을 약간 변형하여 인용한다〕.
19) 『의무론』, Ⅰ, 21.
20) 투키디데스, (『역사』), Ⅰ, 139, 2.
21) 『학설휘찬』, Ⅰ, 8 「여러 사물의 분할 배당에 대하여」)에 관한 두아렌(François Douaren)의 주석. 〔두아렌(1509-1559)은 프랑스 인문주의자이다〕.

자연에 의해 최초로 만들어졌을 때와 동일한 조건으로 현재까지 유지되며, 그리고 영구히 그 상태로 남아있어야 한다. 키케로가 다음과 같이 서술하였을 때 의도한 것은 바로 두 번째 사실이다. "그렇다면 이것이 인간과 인간, 사회와 사회를 함께 묶는 가장 포괄적인 사회적 유대이다. 포괄적인 사회적 유대 하에서는 자연이 사람들의 공동의 사용을 위해 만들어낸 모든 사물에 대한 공동의 권리는 지켜져야만 한다."[22] 타자에게 손해를 끼치지 않고 사용될 수 있는 모든 사물들은 이 범주에 들어간다. 이리하여 키케로는 유명한 금언인 "흐르는 물은 만인의 접근을 받아들인다"가 생겼다고 말한다.[23] 왜냐하면 흐르는 물은 (소유 가능한) 강(flumen)이 아니라 (누구도 소유할 수 없는) 흘러가는 물로 간주되기에 법학자들에 의해 만인의 공유물로 분류된다. 오비디우스는 다음과 같이 노래한다. "무슨 이유로 그대들은 나에게 물에 대한 접근을 금하나요? 만인은 자유롭게 물을 이용할 수 있는데 말이에요. 자연은 태양도 공기도 바다도 사적인 소유물로 만들지 않았지요. 이것들은 자연이 제공한 공유물이지요."[24]

오비디우스는 태양, 공기, 물과 같은 것들은 자연본성상 사적 소유물이 아니라, 우르피아누스(Vlpianus)가 말하는 것처럼,[25] 자연본성상 만인이 이용할 수 있다고 말한다. 그 이유는 첫째, 그것들이 자연에 의해 생성된 것이기 때문이며, 네라티우스(Neratius)가 말하는 것처럼[26] 어느 누구의 소유 하에 들어간 적이 없기 때문이다. 둘째, 키케로 말하고 있는 것처

---

22) 『의무론』, I, 51.
23) 『의무론』, I, 52.
24) 『변신이야기』, VI, 349-351.
25) 『학설휘찬』, VIII, 4, 13. (『대지의 공유』의 「파는 사람은」).
26) 『학설휘찬』, XLI, 1, 14. (『여러 사물의 지배권을 획득하는 일에 대하여』의 「해안에서」; 코미느(Philippe de Commines), 『회상록(Memoirs)』 III, 2; 도노(Hugues Doneau), (『시민법에 대한 주석(Commentarii de iuri civili)』), IV, 2; 『학설휘찬』 XLI, 3, 49. (『시효 취득에 대하여』). [코미느(1445-1509)는 프랑스 역사학자이자 상리스(Senlis) 조약 협상가들 중 한 명이었다].

럼 이러한 것들은 자연에 의해 공동의 사용을 위해 창조된 것이라고 보이기 때문이다. 그러나 오비디우스는 통상적인 의미에서, '공적인'의 함의는 어떤 한 국가의 국민이 아니라 인류사회 전체에 귀속되는 사물들이라는 것으로 사용한다. 말하자면 만민법에 의하면, '공적인 것'은 만인의 공유물이며 특정 개인의 사적인 소유물이 아닌 것을 말한다.

공기는 두 가지 이유에서 이런 종류의 공유물에 속한다. 첫째 공기는 점유할 수 없기 때문이고, 또 하나의 이유는 만인을 위해 사용되도록 정해져 있기 때문이다. 이와 같은 동일한 이유에서 바다도 만인의 공유물이다. 왜냐하면 바다는 무한하기 때문에 어떤 개인의 소유가 될 수 없고, 바다는 항해나 어로의 어느 쪽을 주목해도 만인의 사용에 어울리기 때문이다. 그리하여 바다에 적용되는 동일한 권리는 바다가 다른 사람들의 사용을 차단시켜 바다 자신의 것으로 만든 사물들, 예컨대 바다의 모래에 대해서도 적용된다. 육지와 맞닿아 있는 부분은 모래사장이라고 불린다.[27] 그렇기에 키케로의 다음 주장은 정당하다. "파도 위를 떠도는 사람들에게 바다만큼, 파도에 밀려온 사람들에게 해변만큼, 모두의 공유물인 것은 무엇이 있을까."[28] 베르길리우스 또한 공기, 바다, 해변은 만인에게 개방된 것이라고 말한다.

따라서 이러한 것들은 로마인들이 자연법에 의한 만인의 '공동소유물'이라고 부르는 것,[29] 또는 우리가 만민법상의 '공공적 소유물'이라 언급해 왔던 것이다. 실제로 이것들을 때로는 공동(communem)의 사용이라 하

---

27) 『학설휘보』, I, 8, 10. (「여러 사물의 분할 배당에 대하여」의 「아리스토텔레스에게」).
28) 『의무론』, I, 52.
29) 『법학제요』, II, 1, 1, 5. (「여러 사물의 분할 배당에 대하여」의 「그리고 확실히 자연적인」과 「여러 해변의」); 『학설휘찬』, I, 8, 1, 2, 10. (「여러 사물의 분할 배당에 대하여」); 『학설휘찬』, IV L I, 1, 14, 50. (「여러 사물의 지배권을 획득하는 일에 대하여」의 「해변에서」 및 「얼마나」); 『학설휘찬』, IV L VII, 10, 13. (「불법행위에 대하여」의 「여러 불법행위의」 편의 「만약 누군가가 나를」); 『학설휘찬』, IV L III, 8, 3 (「공공의 장소에는 아무것도」의 「여러 해변」) 및 4–7.

고, 또 어떤 때는 공공적(publicum) 사용이라 칭한다. 한편 사적인 소유라는 점에 관한 한, 이러한 공유물 내지 공공물은 논리적으로 무주물이지만, 그러나 이러한 것들은 무주물임에도 불구하고 예를 들어 야수, 물고기나 새와 같이 공동의 사용을 배제하는 사물들과는 크게 다르다. 왜냐하면 야수, 물고기나 새는 누군가에게 포획되면 그 사람의 소유물로 이행할 수 있지만, 이에 반해 공기, 바다나 해변과 같은 공유물은 만인의 사용에 적절하기 때문에 전 인류의 합의에 의해 사적 소유로부터 영구히 제외되었기 때문이다. 즉 만인의 소유이기 때문에 어떤 사람이 만인으로부터 그것을 빼앗는 일은, 마치 당신이 나의 것을 내게서 빼앗지 못하는 것과 마찬가지로 불가능하다. 그리고 키케로는 공유물을 공동의 이익을 위해 사용하는 것은 정의의 제일 첫 번째 가는 의무라고 말한다. 스콜라 학자라면 이러한 범주의 한쪽은 긍정적 공유물이고, 다른 범주는 부정적 공유물이라고 이야기했을 것이다. 이 구별은 법학자들에게 익숙할 뿐만 아니라 민중들에게도 수용되었다는 것을 표현하고 있다. 아테나이오스의 저작 중에, 연회의 주재자가 바다는 공유물이지만 물고기는 그것을 포획하는 자의 것이 된다고 말한다. 그리고 플라우투스(Plautus)의 『루덴스(Rudens, 그물끌기)』 속에서 어부가 "물론 바다는 모두의 것임에 틀림없어"[30]라고 말하는 노예의 말에 동감하면서도, 노예가 "그렇다면 바다에서 잡은 것은 모두의 것이야"[31]라고 말을 이어가자 이에 반대하여, 어부는 "내 그물과 낚시 바늘로 잡은 것은 전적으로 나의 것이다."[32]고 말한다.

그러므로 바다가 어떤 사람의 소유물이 된다는 것은 전혀 가능하지 않다. 왜냐하면 자연은 바다의 공동 사용을 허락할 뿐만 아니라 바다의 공동

---

30) 975. (제4막 제3장).
31) 위의 책. 977.
32) 위의 책, 985.

사용을 명하고 있기 때문이다.[33] 아니 그뿐만 아니라 해변도 결코 누군가의 소유물일 수 없다. 단 다음과 같은 단서가 붙는다. 이러한 것들(공유물)의 어떤 한 일부가 본성상 점유를 허락할 수 있다고 하면, 점유가 그것의 공동 사용에 지장을 주지 않는 한, 점유 가능한 부분은 그것을 점유하는 사람의 소유가 될 수 있을 것이다. 이런 단서는 정당하게 인정되어 왔다. 왜냐하면 우리가 언급해왔듯이, 공유물의 일체가 사적인 소유로 이전되는 그런 경우, 두 가지 조건(공동 사용에 지장을 주지 않는 소유와 부분 소유)은 사라지게 되기 때문이다.

그렇기에, 폼포니우스(Pomponius)가 말하는 것처럼, 건물을 세우는 일은 점유의 일종이기 때문에 해변에 건물을 세우는 일은 다른 사람들에게 불편을 끼치지 않고 이루어질 수 있다면 허용되고 있다.[34] 말하자면, 스카이블라(Scaevola)의 표현을 따르면, 그와 같은 건물이 해변에서의 공공적 사용 혹은 공동 사용을 방해하지 않고 지어진다면 허용된다. 그리고 어떤 사람이 (해변에) 건물을 세웠다고 하면 그 사람은 건물이 위치한 지면의 소유자가 될 것인데, 그 이유는 그 지면이 본래 누구의 소유물도 아니고, 또 공동의 사용을 위해 필요불가결하지도 않았기 때문이다. 그렇기에 이 지면은 점유하는 자의 것이지만, 그러나 그의 소유권은, 바다가 본성상 소유되는 것을 저항하는 만큼, 그의 점유가 계속되는 기간보다 더 길 수는 없다. 예를 들어 포획당한 야수가 탈출하여 본래의 자유를 되찾으면, 그 야수는 더 이상 포획한 사람의 소유가 아닌 것처럼, 바다도 해변에 대한 바다의 소유를 원상으로 복귀시킬 것이다.

그래서 점유로 인해 사유물이 될 수 있는 것은 무엇이든, 공적인 재산,

---

33) 도노, (『시민법에 대한 주석』), Ⅳ, 2.
34) 『학설휘찬』, ⅩⅩⅩⅨ, 4, 24. (『미수의 손해에 대하여』의 「여러 하천의」 편); 『법학제요』, Ⅱ, 1, 1, 5 ; 『학설휘찬』, Ⅰ, 8, 1, 2, 10 ; 『학설휘찬』, ⅣLⅠ, 1, 14, 50 ; 『학설휘찬』, ⅣLⅦ, 10, 13 ; 『학설휘찬』, ⅣLⅢ, 8, 3 및 4–7.

즉 한 국가의 국민(전체)의 소유물로 될 수도 있다는 것을 입증하여 왔다.[35] 키케로는 로마제국 권역 내에 포함된 해변은 로마 국민의 것이라고 보았다. 그러므로 로마제국 국민이 황제나 집정관을 통해 제국의 신민들에게 해변의 점유 권리를 허용할 수 있었던 것은 조금도 놀랄 일이 아니다. 그러나 이러한 공적인 점유는, 사적 점유와 마찬가지로, 만민법상의 권리를 훼손할 정도로 확대되지 않도록 제한해야만 한다. 따라서 로마 국민은 누구에 대해서도 해안에 다가가는 일, 해변에 그물을 말리는 일, 그리고 오래전부터 만인이 결정하여 언제나 허용되어왔던 일들을 금할 수 없는 것이다.[36]

하지만 바다의 본성은 해변과는 다르다. 바다는 극히 한정된 부분을 제외하고는 건물을 세우는 일이 용이하지 않고, 경계를 정할 수도 없으며, 그리고 그것이 가능하다 하더라도, 그 일 자체가 바다의 차별 없는 사용을 방해하는 일 없이는 거의 불가능하다. 그러나 어딘가 극히 한정된 해역이 그렇게 점유될 수 있을 경우에는 그 점유는 인정된다. 호라티우스의 유명한 다음과 같은 과장된 표현은 이와 관련이 있다.

> 바다 깊이 설치된 바위로 만들어진 잔교(경계구조물)로 인해 오가는 물고기는 바다가 좁아진 것을 안다.[37]

켈수스(Celsus)는 바다 속에 박힌 말뚝은 그것을 설치한 사람의 것이라 본다.[38] 그러나 이런 행위는 설치물로 인해 바다의 사용을 어렵게 만들면 인정되지 않는다. 우르피아누스도 바다에 방파제를 설치하는 자는 누구도

---

35) 도노, 위의 책, IV, 2 및 9; 본장의 주 29)의 여러 참고문헌.
36) 『학설휘찬』, I, 8, 4. (『여러 사물의 분할 배당에 대하여』의 「그렇기 때문에 누구도」 편); XLIII, 8, 3. (『공공의 장소에는 아무것도』의 「여러 해변」 편).
37) 호라티우스, 『송가(Odes)』, III, i, 33-34.
38) 『학설휘찬』, XLIII, 8, 3; 8, 2. (『공공의 장소에는 아무것도』의 「법무관」의 「대하여」).

그 시설물로 인해 손해를 입지 않도록 반드시 조치해야 한다고 말하고 있다. 왜냐하면 이런 시설물이 누군가에게 해를 끼친다면 "공적인 장소에는 어떤 시설도 만들지 말라"는 경고가 적용되기 때문이다. 라베오(Labeo)는 바다 속에 그와 같은 구조물이 설치되어야만 하는 경우에, "선박의 정박, 묘박, 혹은 안전 항행을 위한 항로를 위태롭게 하는 구조물은 일체 아무것도 만들지 말라"는 경고가 적용되어야 한다고 주장한다.[39]

항해에 적용되는 원칙이 어업에도 동일하게 적용된다. 즉 바다는 만인에게 자유롭고 개방된 상태라고 하는 항행에 관해 지켜져야 하는 원칙이 어업에 관해서도 준수되어야 한다. 그러나 바다의 항로에서 벗어난 곳에 말뚝을 세워 자신의 어장을 둘러싸 사유물로 하는 자가 있다고 해도 그는 죄를 범한 것이 아닐 것이다. 그것은 루크루스(Lucullus)가 나폴리 근교의 산을 깎아 자신의 별장에 해수를 끌어들인 것과 같은 일이다.[40] 그리고 바로(Varro)나 콜루멜라(Columella)가 언급한 연안의 양어 연못도 이런 종류의 것에 들어간다고 나는 생각한다. 마르티알리스(Marcus Valerius Martialis)도 아포리나리스(Apollinaris)의 포르미아의 별장에 관해 다음과 같이 말할 때도 마찬가지의 관점이다. 바다의 신인 네레우스가 바람의 신 아이올로스의 영향을 받을 때에도, 네레우스는 바다의 식자재로 잘 차려진 식탁에서 강풍을 대수롭지 않게 여긴다.[41]

또 암브로시우스(Ambrosius)도 "당신은 바다의 어류가 부족하지 않도록 자신의 토지에 해수를 끌어들인다"[42]라고 말하고 있다. 이와 관련해서 파울루스(Paulus)가 만약 누군가가 바다의 소유권을 가진다면, 당신들이

---

39) 『학설휘찬』, ⅩLⅢ, 12, 1. (「여러 하천에 대하여」의 「법무관 가라사대」의 「만약 바다 속에」).
40) 대(大) 플리니우스, 『자연사』, Ⅸ, 54, 170.
41) 마르티알리스, 『풍자시(Epigrams)』, Ⅹ, 30, 19-20.
42) 『나봇에 대하여(De Nabuthe)』, cap. 3.

점거하고 있기 때문이라는 현상승인의 원칙(uti possidetis)이 적용된다고 말할 때[43] 그의 생각은 명백하다. 하지만 이 현상승인의 원칙은 분명히 사적 분쟁문제에 대비하여 정해진 것이고 공공의 분쟁문제(그 안에는 만민 공통의 법에 의해 행할 수 있는 것도 포함되어 있다)에 적용되는 것은 아니다. 지금 여기서 문제가 되는 것은 사적 분쟁문제에서 생겨나는 사용 권리에 관한 것이지 공공의 혹은 공동의 분쟁문제에서 생겨나는 사용 권리에 관한 것이 아니다. 왜냐하면 마르키아누스(Marcianus)라는 권위자에 의하면, 점유된 것 및 점유 가능한 것은 무엇이든,[44] 바다와는 달리 이미 만민법에 속하지 않기 때문이다. 예를 들어 만약 누군가 루크루스나 아포리나리스에 대해 그들이 바다의 항로에서 벗어난 곳을 에워싸 만든 그들의 사적 해역에서 고기잡이를 하는 것을 방해했다고 하면, 파울루스의 견해에 따르면, 루크루스나 아포리나리스는 사적인 소유권의 피해에 대한 단순한 조치(불법행위의 기소)뿐만 아니라 (이러한 불법 행위의) 금지 권리를 가진다.[45] 그것은 즉 (이 해역이) 사적으로 점거되었기 때문이라는 이유에서였다.

그뿐 아니라 강의 항로에서 벗어난 곳에서의 지류에서처럼 바다의 항로에서 벗어난 곳에서는 가령 내가 그런 장소를 점유하여 거기에서 고기잡이를 한다면, 그리고 특히 오랫동안 그것을 계속함으로써 그곳을 사적으로 점거할 의향을 명시했다고 한다면, 나는 타인이 같은 권리를 행사하는 것을 막는 셈이 될 것이다. (이 경우) 마르키아누스의 견해에 입각하여 결론 내려지는 것처럼, 사정은 나의 지배권에 속하는 연못의 경우와 다를 바 없는 것이다. 이 점은 해변에 관해서 앞서 언급한 것처럼, 점유가 계속되는 한은 옳다. 그러나 항로에서 벗어나 있지 않는 곳에서는 사적인 점거는 허

---

43) 『학설휘찬』, ⅩLⅦ, 10, 14. (『불법행위에 대하여』의 『확실히 만약 바다의』).
44) 대(大) 플리니우스, 『자연사』, Ⅸ, 54, 170.
45) 『학설휘찬』, ⅩLⅣ, 3, 7. (『대립하는 사람들에 대하여』의 『만약 누군가』).

용되지 않는다. 왜냐하면 공동의 사용이 제약받으면 안 되기 때문이다.[46]

따라서 나의 저택이나 전원 저택 앞에서, 만약 어떤 사람이 고기를 잡는 일을 방해받았을 경우, 그것은 실효적 지배(usurpatum)에 해당되지만 그러나 그것은 법에 근거한 것은 아니다. 바로 그렇기 때문에 우르피아누스는 이런 실효적 지배 방식을 경멸하여, 만약 누군가가 그러한 제약을 받았다면, 그로 인한 손실에 대해 소송을 해도 좋다고 말한다.[47] 황제 레오 (우리는 이 황제의 법률을 사용하고 있지 않다)는 이를 법리에 반하는 방식으로 변경해버려, 바다로 나아가는 입구 혹은 연결통로는, 그 해안에 거주하는 사람이 있으면 그들의 소유물로서, 그들이 거기에서 고기잡이를 할 권리를 가진다고 주장했다.[48] 그러나 황제는 그 장소가 둑이나 방책, 그리스어로는 정지선(ἐποχας)에 의해 점유되어야만 한다고 단서를 달았다. 황제는 바다 어느 곳에서든 고기잡이 하는 것을 허용 받았던 신민들이 바다의 극히 좁은 한 곳을 그 곳의 주민들에게 할당한 것에 대해 유감을 가지는 일은 없을 것이라고 생각했던 것이다. 물론 바다의 큰 부분을 공공의 이용으로부터 탈취하려는 자가 있으면, 설사 탈취한다하더라도, 용납되지 않고 공분에 직면하게 될 것이다. 성인 암브로시우스(Ambrose)는 세속 영주의 조치를 다음과 같이 사리에 맞게 꾸짖는다. "속세의 영주들은 광대한 바다를 소유의 권리(jus mancipii)로 대상화하고, 또 바다에서의 고기잡이 권리를 그들의 집에서 태어난 노예에 관한 권리와 같이, 자신들의 권리에 예속된 것으로 간주한다. 그들은 바다의 이쪽의 만(灣)은 나의 것이고, 저쪽의 만은 다른 사람 것이라고 말한다. 이들은 바다를 자신들의 소유로 분

---

46) 『학설휘찬』, Ⅳ L Ⅰ, 3, 45. (『시효 취득에 대하여』의 『시효』).
47) 『학설휘찬』, Ⅳ L Ⅶ, 10, 13. (『불법행위에 대하여』의 『여러 가지 불법행위의』의 『만약 누군가가 나를』).
48) 『레오의 신법(Novels of Leo』, 102, 103, 104.[황제 레오는 레오 6세(866-912)를 말한다].; 퀴자(Jacques Cujas), ⅩⅣ, 1 참조.

할한다. 무지막지한 사람들!"[49]

그렇기 때문에 바다는 매매의 대상이 될 수 없으며,[50] 사적인 소유물이 될 수 없다. 엄밀히 말하면, 바다의 어떠한 부분도 어느 한 나라의 국민의 영역으로 간주될 수 없다는 논리로 귀결된다. 프라켄티누스(Placentinus) 도, "바다는 공유물이기에 신을 제외하고 누구의 소유물도 될 수 없다" 고 말했을 때, 이 점을 알고 있었던 것으로 보인다. 요한 파버(Johannes Faber) 또한, 바다는 즉자적 존재(sui juris)로 유지되어 왔으며, 만물 공유물이었던 원초 상태에 있다고 주장한다.[51] 그 외의 점에서는 '만인의 공유물'인 것과 엄밀한 의미에서 '공공물' 즉 국가의 것이라고 지칭되는 것은 차이가 없다. 또한 바다와 강의 차이도 없다. 다만 강은 한 나라의 국민이 자국 영역 안에 존재하기에 소유할 수 있지만, 바다는 그렇지 않기 때문에 소유할 수 없다.

한편 사적 소유권이 개개인의 점유에서 유래하는 것처럼, 영토는 국민들의 점유에서 유래한다. 켈수스는 이 점을 간파하고 있었다. 그는 공동의 사용에 방해가 안 되는 방법으로 로마 시민이 점유할 수 있었던 해안과[52] (공유물이라는) 원초의 성질을 보유하고 있는 바다 그 자체를 명료하게 구별하고 있기 때문이다. 실제로 어떠한 법률도 이와 상반되는 견해를 암시하지 않는다.[53] 이와 상반된 견해를 피력하려는 학자들에 의해 몇몇 인용

---

49) 『6일 창조(Hexameron)』, Ⅴ, 10, 27. 〔성인 암브로시우스(약 333-397)는 밀라노의 주교를 말한다〕.
50) 도노, (『시민법에 대한 주석』), Ⅳ, 6.
51) 『법학제요』, Ⅱ, 1. (『여러 해안의』)에 관한 요한 파버의 주석; 『학설휘찬』, ⅩⅣ, 2, 9. (『로도스 섬의 법률에 대하여』의 「존엄」). 〔파버(1570-1640)는 빈의 주교이자 페르디난드 황제의 궁정 전도사였다. 그는 대중에게 '이단 철퇴(Malleus Haereticorum)'로 불리었다〕.
52) 『학설휘찬』, ⅣLⅢ, 8, 3. (『공공의 장소에는 아무 것도』의 「여러 해안」).
53) 『학설휘찬』, Ⅴ, 1, 9. (『법무관에 대하여』의 「도서」); ⅩⅩⅩⅨ, 4, 15. (『세수 청부인에 대하여』의 「부제」); 『학설휘찬』, Ⅰ, 8, 2. (『여러 사물의 분할 배당에 대하여』의 「어떤 것」편)에 관한 주석학자들의 주석; 『법학제요』, Ⅱ, 1; 『학설휘찬』,

되는 법률들은 점유가 가능한 도서, 혹은 '공유(common)'물이 아니라 '공공(public)'물, 즉 국가적인 소유물인 항구에 대해서 적용될 뿐이다.

어딘가의 특정 바다가 로마제국에 속한다고 말하는 사람들은 그들이 말하는 바다에 대한 권리가 보호와 관할권의 범주에 국한된다는 의미라고 설명한다. 그들은 이러한 권리를 소유권과 구별한다. 그러나 그들은 로마 국민이 항행의 보호를 위해 함대를 배치하고 해상에서 포획한 해적을 처벌할 수 있었음에도, 이러한 행위가 자국의 권리에 입각해서가 아니라, 다른 자유로운 국가의 국민도 해상에서 갖고 있는 공통의 권리에 입각해서 행사해왔다는 사실을 충분히 고려하지 않고 있다. 하지만 우리는 일부 사람들이 바다의 이곳저곳에서 잡힌 해적은 이곳저곳의 국가의 재판을 받아야 한다는 것에 대해 합의하였다는 사실을 알고 있고, 또 그러한 편의를 위해 사법권의 경계가 해상에 책정되어 왔다는 사실을 알고 있다. 그러나 이 합의는 그 법규에 합의한 당사국들의 국민들에게 적용되지만,[54] 그 외의 나라의 국민들에게는 구속력이 없으며, 누군가 어떤 사람이 소유하고 있는 바다의 경계를 책정하는 것이 아니다. 그 합의는 단순히 계약하는 당사자들 사이의 사적인 권리를 정하는 것에 불과하다.

앞서 말한 자연의 섭리에 일치하는 이러한 구별은 우르피아누스의 회답에 의해서도 확인된다. 그는 해안의 두 개의 영지 소유주가 이 중 하나를 매각할 경우, 이 소유지에 대해, 바다의 특정 해역에서 고기잡이 금지와 같은 지역권(地役權, servitude)을 설정할 수 있는가라는 물음에 대해 다음처럼 대답했다. 현안이 되는 대상은 명백히 바다이므로 어떠한 지역권

「어떤 것」에 관한 발두스의 주석.
54) 발두스, (『봉토론(De feudis)』), 「봉토의 포기는 어떤 방식으로 이루어지는가」의 「머리말」의 두 번째 열; 『칙법휘찬』, XI, 13, 1; 『학설휘찬』, IV LVII, 10, 14. (「불법행위에 대하여」의 「확실하게」편)에 관한 안젤루스의 주석; 『학설휘찬』, VIII, 4, 13. (「여러 보유지 중의 공공의 것」의 「부지를 파는 자」및 4 (「주의할 것」).

도 부과할 수 없다. 왜냐하면 바다는 본성상 만인에게 공유되기 때문이다. 그러나 신의에 입각하여 체결된 계약은 매매의 조건이 준수되는 것을 요구하므로, 소유자들과 이들의 권리를 계승하는 자들은 이 조건을 준수해야만 한다. 우르피아누스는 사적인 영지와 사법에 대해 말하고 있지만, 여기서 논하는 여러 나라의 국민의 영토와 법률(공법)에 관해서도 동일한 논리가 적용된다. 왜냐하면 인류 전체의 관점에서 보면, 국민은 개개인으로 간주되기 때문이다.

마찬가지로 바다에서의 어업에 관해 부과되는 세금은 왕실의 수입으로 귀속되지만, 입어료는 바다 그 자체 혹은 어장을 구속하는 것이 아니라, 어업에 종사하고 있는 사람들을 구속할 뿐이다.[55] 국가나 군주는 합의에 입각하여 신민에 대한 법률을 입법할 권한이 있으므로, 신민들은 그와 같은 입어료를 부담해야만 한다. 그러나 다른 사람들에 관해서는, 모든 곳에서 고기잡이를 할 권리가 입어료 없이 인정되어야 한다. 이는 바다가 (국가나 군주의) 지역권 대상이 되지 않기 때문이다. 바다는 본질적으로 국가나 군주의 소유가 될 수 없다.

바다의 경우는 강의 경우와 다른데,[56] 강은 한 국가의 소유가 될 수 있고, 강에서 고기잡이의 권리는 국가나 군주로 귀속될 수 있고 국가나 군주에 의해 대여될 수 있기 때문이다. 이와 같은 방식은 (그리고 유사한 방식은 고대인들에게 실제로 관철된다) 임차인들이 "임대할 권리를 가진 사람은 향유의 배타적인 권리를 대여해왔다"[57]는 문구에 의거하여 공공장소의 독점(de loco publico fruendo) 권리를 보장하는 것이다. 이러한 조건은

---

55) 발두스, 『봉토론』의 「왕의 것은 무엇인가」.
56) 발부스(Johannes Balbus), 『시효에 대하여(De praescriptionibus)』, Ⅳ, 5; 1, q. 6, n. 4.
57) 『학설휘찬』, ⅩLⅦ, 10, 13. (「불법행위에 대하여」의 「여러 불법행위의」의 § 7 「임차인에게」); ⅩLⅢ, 9, 1. (「공공의 장소의 용익권을 가지는 일에 대하여」).

바다의 경우에는 발생할 수 없다. 결국 어업 그 자체를 왕실의 소유라고 간주한 사람들은 자신의 주장을 입증하기 위해 인용하였던 문구를, 이제르니아(Isernia)[58]와 알바루스(Alvotus)[59]가 지적한 것처럼 충분히 검증하지 못했던 것이다.

그러므로 어떤 국가나 어떤 개인이 바다 그 자체 (바다의 후미, 즉 작은 만은 예외로 한다)에 대한 사적인 소유권을 확보할 수 없을 뿐만 아니라 바다에 대한 소유는 본성상 그리고 공공적 사용의 이유에서 허용되지 않는다는 사실은 입증되어 왔다.[60] 이 문제에 대한 논의가 바로 다음과 같은 이런 이유로 검토되어 왔다. 즉 포르투갈인들이 인도로 가는 항로가 되는 바다에 대한 사적인 소유권을 확보하지 못하였다고 보이기 때문이다. 왜냐하면 소유권을 가질 수 없게 만드는 두 가지 이유가 다른 어떤 경우보다도 이 경우에 아주 유효하게 적용되기 때문이다. 다른 경우에는 곤란하게 보이는 데 지나지 않는 일이 이 경우에는 전적으로 불가능하며, 다른 경우에는 부당하게 판단되는 데 지나지 않는 일이 이 경우에는 엄청나게 야만적이며, 또 비인간적인 일이 된다.

사방팔방을 육지로 둘러싸이고 거기에서 강물이 흘러들어가는, 장소에 따라서는 강의 폭만큼도 되지 않는 내해에 관해서는 여기서는 논하지 않겠다. 앞서 말한 로마의 법학자들이, 사적인 탐욕을 비난하는 자신들의 고견을 피력하면서 내해를 인용했다는 것은 잘 알려진 일이지만 말이다. 그렇다! 현안은 외양, 대양(Oceano)에 관한 것이다. 즉 고대인이 무한하고, 끝이 없는, 하늘과 맞닿아 있으며, 만물을 낳은 어버이로 묘사한 무한의 물의 공간. 고대인들이 여러 연못, 강, 바다뿐만 아니라 구름이나 천체의 별

---

58) 〔안드레아 드 이제르니아(Andre d'Isernia, c. 1480–1553)는 종종 페우디스타름 파트리아르차(Feudistarum Patriarcha)로 불렸던 이탈리아 주석학자였다〕.
59) 〔아마도 알바루스(Alvarus, Alvarez)의 오기일 것이다〕.
60) 발두스, 『봉토론』의 「왕의 것은 무엇인가」 참조.

들로부터 수분을 영원히 공급받는다고 믿었던 그 대양. 인류의 서식지인 대지를 조수와 간만으로 둘러싸고 있음에도 불구하고, 소유하는 것도 경계를 책정하는 것도 불가능한 대양. 육지에 의해 예속된다기보다 오히려 육지를 지배한다는 편이 옳은 대양, 이 대양이 현안인 것이다.

이 대양 중에서도 현안이 되고 있는 것은 만이나 해협에 대해서가 아니고, 그렇다고 해안에서 조망할 수 있는 넓게 펼쳐진 바다 일체에 대한 것도 아니다. (그러나 이점을 생각해 보라!!) 포르투갈인들은 한 대륙에서 멀리 떨어진 지구 반대편의 대륙에 이르는 세계를 양분하는 넓게 펼쳐진 바다 일체의 (절반이) 자신들의 것이라 주장한다. 두 대륙은 지금까지 수십 세기 동안 서로 풍문을 전할 수도 없을 정도로 접촉이 없었다. 그런데 포르투갈인들과 비슷한 주장을 하는 스페인인들의 몫(바다 일체의 나머지 절반)이 여기에 더해진다고 하면 거의 모든 대양이 이 두 국민들의 것이 되어버려, 그 외의 수많은 나라의 국민들은 북쪽 바다의 극히 좁은 해역에서만 소유권을 주장할 수 있을 뿐이다. 자연이 만민 주변을 바다로 둘러쌌을 때 자연은 바다가 만민의 사용에 충분히 족할 것이라고 믿었을 것이고, 자연은 (포르투갈인과 스페인인들의 주장에 의해) 크게 자신의 섭리를 유린당한 것이 된다. 만약 바다와 같이 방대한 공간에 대해 만민의 차별 없는 사용 상태에서 자신의 소유권으로 제한하려는 사람이 있다면, 그는 자연의 섭리를 거스르는 권력을 추구하는 자로 간주될 것이다. 만약 어떤 사람이 다른 사람들의 어로를 금한다면, 그는 터무니없는 탐욕을 부린다는 비난을 피할 수 없을 것이다. 하물며 그 자신에게는 아무런 피해가 없는 무해 항해조차 방해하는 사람(포르투갈인), 우리는 이 사람을 어떻게 평가할 것인가?

만약 어떤 사람이 (공유물인) 자신의 불에서 다른 사람이 불씨를 얻거나, 자신의 횃불에서 불을 붙이는 것을 금한다면, 나는 이 사람을 인간사회의 법칙을 훼손한 죄로 고소할 것이다. 왜냐하면 에니우스(Ennius)가 말한 것처럼, 불의 자연적 성질의 진수는 공유물이기 때문이다.

타인에게 불을 준다한들, 나의 빛은 감하지 않으리라. [61]

그렇다면 자신에게 아무런 손해 없이 공유하는 것이 가능할 때, 어떤 사람이 받은 사람에게는 유용하고 제공하는 사람에게도 손해가 되지 않는 사물을 타인에게 나누어 주지 못할 이유가 있을까?[62] 이러한 공유는 고대 철학자들이[63] 완전한 이방인들에게도 그것도 무상으로 제공되어야만 한다고 생각하였던 편의였다. 그러나 동일한 행위가 사적 소유물이 현안이 되면 배려의 문제이지만 공유물이 현안이 되면 불공평의 문제일 뿐이다. 왜냐하면 자연의 섭리와 만민의 합의에 따라 당신과 나의 공유물인 사물을 당신이 도용하는 것은 도리를 벗어난 행위이기 때문이다. 당신은 이전에 그랬던 것만큼 당신의 소유이면서 (나의 소유인) 공유물에 대해 나의 사용권리를 배타적으로 금지한다는 것은 도리에 어긋난다.

그럼에도 불구하고 이방인들에게 제제를 가하거나 공유물을 가로채는 무리들조차도 어느 정도는 실체가 있는 점거를 근거로 자신들을 옹호하고 있다. 왜냐하면 최초로 사물을 점유함으로써 그 사물이 자신의 것이 되었기 때문이며, 그러므로 설사 부당하다하더라도 사물의 압류는 소유의 출현으로 이어지기 때문이다. 그러나 우리들이 토지에 대해 항상 그래왔던 것처럼, 포르투갈인들은 자신들이 쫓아내고 싶은 자들을 자기들 마음대로 축출하기 위해, 그 대양을 영지로 설정함으로써 사방팔방으로 완전하게 둘러쌌던 것일까? 전혀 그런 일이 없다! 오히려 그들은 그런 일을 전혀 하지 않

---

61) 엔니우스(Quintus Ennius), "타인에게 불을 준다한들 나의 빛은 감하지 않으리라", 키케로 『의무론』, Ⅰ, 51에서 인용.
62) 『의무론』, Ⅰ, 51.
63) 세네카, 『선행에 대하여』, Ⅲ, 28.

고, 포르투갈인들과 스페인인들이 다른 나라 국민을 배제하는 세계의 분할을 시도할 때, 그들은 자연적인 혹은 인공적인 경계 획정을 통해 자신들의 행위를 옹호하지 않았으며, 결국 일종의 상상의 선에 의존하여 방어할 수밖에 없었다. 실제로 만약 이런 방식이 받아들여진다면, 그리하여 그러한 (상상의 선을 긋는) 경계의 획정이 소유의 유효한 증거로 받아들여진다면, 훨씬 이전의 기하학자들은 지상의 육지에 대한 소유권을, 천문학자들은 천구에 대한 소유권을 획득하였을 것이다.

그렇다면 이 경우, 소유권을 제공하는 신체적 소유 혹은 물질적 전용은 어디에 있는가? 우리가 의거하는 학자들이 주장하는 요지—즉 바다는 공기 못지않게 물질적 전용이 사실상 불가능하기 때문에, 바다는 특정 국민의 소유로 귀속될 수 없다—는 두말 할 필요가 없는 진실로 보인다.[64]

이에 대해서 (포르투갈인들이) 다른 나라의 국민보다도 먼저 그 바다를 항해한, 말하자면 항로를 개척한 점을 근거로, 그 바다를 점유하고 있다고 칭한다면, 이보다 더 우스꽝스런 일이 무엇이 있을까. 왜냐하면 누군가가 항해한 적이 없는 바다는 없기 때문에, 모든 항로는 누군가에 의해 점유된 상태라는 논리적 결론을 도출할 수밖에 없을 것이다. 그러므로 오늘날의 우리는 무조건적으로 모든 해역에서 쫓겨나게 된다. 또한 전 세계를 일주한 사람들은 전 세계의 대양을 소유한 상태라고 인정해야 할 것이다! 그러나 바다를 항해하는 선박은 그 항적을 남기지 않는 것과 마찬가지로 어떠한 권리도 뒤에 남기지도 않는다는 것을 모르는 사람은 단 한 명도 없다. 그러므로 자신들 이전에는 아무도 그 대양을 항행한 적이 없다는 포르투갈인들의 가정은 전적으로 옳지 않다. 현안이 되고 있는 모로코 주변 바다의 대부분은 이미 오래 전부터 (사람들이) 항해하여 왔으며, 대(大) 플리니우

---

64) 『법학제요』, II, 1, 5. (「여러 사물의 분할 배당에 대하여」의 「여러 해변의」 절)에 관한 요한 파버의 주석.

스와 멜라(Mela)가 서술하고 있는 것처럼, 알렉산더 대왕의 군대는 여러 차례의 전승을 거치면서 더 동쪽으로 향하여 아라비아 만까지 통과한 적이 있다. [65]

카디스의 주민들이 오래 전부터 이 항로를 알고 있었다는 사실은 여러 증거들을 통해 알 수 있다. 아우구스투스의 아들 가이우스 카이사르[66]가 아라비아 만에서 전승을 이끌었을 때, 조난당한 스페인 선단으로 보이는 여러 척의 선박 잔해가 발견된 적이 있기 때문이다. 또한 카에리우스 안티파테르(Caelius Antipater)도 그의 저서에서 스페인에서 에티오피아로 통상을 위해 항해하였던 스페인 선원을 목격한 적이 있다고 서술하였다. 코르넬리우스 네포스(Cornelius Nepos)가 증언한 다음의 이야기가 사실이라면, 아라비아인들도 이 항로를 알고 있었다. 그의 증언에 따르면 당시 에우독소스(Eudoxus)라는 사람이 알렉산드리아의 왕 라틸스(Lathyros)로부터 도망쳐 아라비아 만에서 출범하여 최종적으로는 카디스까지 항해해왔다. 하지만 당시까지 가장 널리 알려진 사례는 카르타고인들의 항해이다. 카르타고의 국운이 최고조에 달했던 시대에 카디스에서 멀리 아라비아의 끝까지 항해하였고, 오늘날 희망봉이라고 불리는 곳[(옛 지명은 히페리온 케라스(Hyperion Ceras 석양의 뿔)]까지 항해하고 회항하였던 한노(Hanno)는 자신이 이용하였던 모든 루트와 해안의 형태, 섬의 위치를 저서에 상술했고, 그가 항해하였던 가장 먼 곳의 바다는 끝이 없었지만 식량이 바닥나는 바람에 회항하였다고 밝히고 있다.

로마의 전성기에는 아라비아 만에서 인도나 인도양의 섬으로, 그리고 대다수의 사람들이 오늘날 일본이라고 믿고 있는 황금의 반도

---

65) 『자연사』, II, 69; VI, 27; 폼포니우스 멜라, 『세계의 위치에 대하여(De situ orbis)』, III.

66) 〔엄밀하게 말하면, 가이우스는 아우구스투스의 손자였다. 그는 아우구스투스의 아들로 입양되었다〕.

(Chersonesus)로 향하는 항해가 정기적으로 이루어지고 있었던 점은, 대(大) 플리니우스가 기술한 동방으로의 여정이나,[67] 인도에서 아우구스투스 제왕에게, 또 실론 섬에서 클라우디우스 제왕에게 파견한 사절(의 존재), 그리고 트라야누스의 위업이나 프톨레마이오스의 기록을 통해 명백하게 알 수 있다. 스트라보도 그의 시대에 이미 알렉산드리아 상인들의 선단이 아라비아 만에서 먼 곳의 에티오피아와 인도까지 항해하려고 시도하고 있다고 말한다.[68] 물론 그 이전의 시기에는 이러한 항해가 아주 드물었지만 말이다. 로마인들은 동방으로의 항해로부터 상당한 재정적 수익을 얻었다. 대(大) 플리니우스가 부언하는 바에 따르면,[69] 이 항해에 종사한 선박에는 해적 출몰에 대비하여 궁병들을 동승시켰다. 그는 로마제국이 인도와의 교역으로부터 50만 세스테르스(sesterce),[70] 혹은 여기에 아라비아와 중국과의 교역이 포함되면 100만 세스테르스의 수익을 창출하였고, 더욱이 동방으로부터 수입된 상품은 원가의 백배의 가격으로 팔렸다고 서술하고 있다.

이러한 오래된 사례들은 (동인도제도로 가는 항로를 항해한) 최초의 사람이 포르투갈인들이 아니었다는 점을 충분히 논증하고 있다. 포르투갈인들이 동인도제도를 항해하기 오래 전부터, 그 해역의 크고 작은 바다는 탐사되어 왔다. 무어인들, 에티오피아인들, 아라비아인들, 페르시아인들, 인도인들과 같은 사람들이 자신들의 해안과 인접한 해역에 대해 어떻게 모를 수가 있었겠는가!

그러므로 오늘날 이 해역을 발견한 것이 자신들이라고 자랑하고 있는 무리들은 거짓말을 하고 있는 것이다.

그렇다면 어떤 사람은 다음과 같이 말할 것이다. 포르투갈인들은 아마

---

67) 『자연사』, VI, 20.
68) 스트라보, 『지리지』, II 및 XVII.
69) 『자연사』, XII, 19.
70) 〔로마의 1세스테르티우스 (sestertius)는 4센트였다〕.

도 몇 세기 동안 중단된 항해를 재개한 최초의 사람이고, 또 그들은 유럽의 국민들에게 알려지지 않았던 항로를, 자신들의 엄청난 노력, 재원, 위험을 무릅쓴 노력으로 제시하였던 사실—부정할 수 없는 사실—이 그다지 중요하지 않단 말인가? 관점을 바꾸어 포르투갈인들은 자신들만이 재발견한 것을 만인에게 제시했다는 사실에 초점을 맞춘다면, 우리가 포르투갈인들에게 엄청난 신세를 지고 있다는 점을 인정하지 않을 정도로 몰상식한 사람은 없을 것이다. 왜냐하면 포르투갈인들은 위대한 사물에 대한 발견—그것을 발견한 자신들만이 아니라 인류 전체에 이익이 되도록 노력할 때마다—이 수반하였던 것과 같은 감사, 찬사 그리고 불멸의 명예를 얻을 수 있기 때문이다. 그러나 만약 포르투갈인들의 안중에 있었던 것이 자신들의 이득이었다면, 새로운 사업에서 무엇보다 우선되어야 하는 것인 수익은 언제나 최대였기 때문에, 그들은 틀림없이 만족했을 것이다. 왜냐하면 우리가 아는 것처럼 (동인도제도로의) 최초의 항해는, 때로는 투자액의 40배, 때로는 그 이상의 수입을 가져다주었기 때문이다. 이러한 해외 교역 덕분에, 오랜 기간 가난했던 포르투갈의 국민이 갑자기 엄청난 부를 얻게 되었고, 가장 부유한 나라의 국민이 국부가 최고 단계에 이르렀을 때 겨우 손에 넣을만한 휘황찬란한 영화를 누릴 수 있었다.

그러나 만약 포르투갈인들이 누구도 자신들의 뒤를 따르지 못하도록 동인도제도로의 항해에 나섰다면, 그들은 자신들의 이익에만 전념하였던 만큼 어떠한 찬사도 받을 자격이 없다. 더구나 포르투갈인들은 그것을 자신들의 수익이라고 말할 수도 없다. 왜냐하면 그들은 타인의 수익을 약탈한 것이기 때문이다. 만약 포르투갈인들이 동인도제도로 가는 항로를 개척하지 않았다면 그 누구도 거기에 가지 못했을 것이라는 가정은 전혀 입증할 수 없다. 왜 그런가하면, 거의 모든 기술과 마찬가지로, 육지나 바다의 지리적 위치는 매일매일 자세하게 갱신되는 시대가 빠른 속도로 다가오고 있기 때문이다. 위에서 언급한 예전의 (항해의) 예가 (새로운 항해의 시도에 대한) 자극을 주었을 것이고, 모든 낯선 해안들이 단번에 밝혀진 것이 아니라 할지라도, 어떤 한 해안이 발견되면 그로써 또 다른 해안이 발견되는 항해에 의해 점진적으로 배의 (기항지가 되는) 해안들이 발견되었을 것이다. 그러므로 포르투갈인들이 제시하였던 항해가 (다른 국민들에 의해) 결국 성취되는 일은 가능하였을 것이다. 왜냐하면 포르투갈인들 못지않게 상거래나 외국 사정에 대해 열심히 연구하는 국민이 많이 있기 때문이다. 인도에 관해 이미 많은 것을 배워 알고 있었던 베네치아인들은 더 나아가 그 외의 것도 탐구할 의향이 있었다. 브리타뉴 지방의 프랑스인들의 지칠 줄 모르는 근면함이나 잉글랜드인들의 대담함은, 이러한 시도가 수포로 돌아가도록 만들진 않았을 것이다. 실제로 (우리) 네덜란드인들도, (포르투갈인들의 시도보다도) 훨씬 더 필사적인 탐험에 착수하고 있었다.

따라서 포르투갈인들은 자신들의 주장을 지지하는 어떠한 정당한 이유나 공신력을 갖지 못한다. 왜냐하면 바다가 누군가 한 사람의 명령권에 종속될 수 있다고 주장하는 사람들 모두는 가까이에 있는 항구나 인접 해안을 지배하고 있는 사람에게 이 명령권을 위임한다고 가정하기 때문이다.[71] 그러나 포르투갈인들은 동인도에 펼쳐진 광대한 해안선에서 일부 요새를 제외하고, 자신들의 것이라고 말할 수 있는 것을 전혀 갖고 있지 않다.

한편 다음으로, 바다에 관한 명령권을 가진 자가 설령 있다고 해도, 그는 바다의 공동 사용의 어떤 것도 박탈할 수 없다. 그것은 로마 국민이 로마제국 지배의 연안에서 만민법에 허용된 타민족의 권리 일체를 금할 수 없는 것과 마찬가지 이치다.[72] 그리고 설사 그러한 것들 중 어떤 것, 예를

---

71) 『교령집6권』, I, 6, 3. (「선택에 대하여」의 「소송」의 § 「그리고」); 『학설휘찬』, II, 12, 3. (「휴일에 대하여」의 「언제나」 편)에 관한 주석학파의 주석.
72) 『학설휘찬』, I, 8, 4. (「여러 사물의 분할 배당에 대하여」의 「그렇기 때문에 누구도」 편); 젠틸리, 『전쟁의 법에 대하여』, I, 19.

들면 물고기가 고갈된다는 이유로 고기잡이를 금하는 것이 가능하다 하더라도, 바다에 아무런 해가 되지 않는 항해를 금지할 수는 없는 것이다.

지금까지 이 현안에 대한 결론은 저명한 학자들의 견해에 따라 우리가 이미 제시한 것이다. 그것은 여러 국가의 국민 혹은 개개인의 소유권으로 귀속되었던 토지에 대해서도, 무장 없이 무해한 영토 통과는, 강에서 물을 마시는 것과 마찬가지로, 어떤 국가의 국민에 대해서 정당하게 금할 수 없다. 그 이유는 명백하다. 왜냐하면 하나의 동일한 사물이 본성상 다양한 용도로 허용되는 만큼, 국민들이 한편으로는 사적 소유권 없이는 적절하게 사용할 수 없는 것들만 국민들 사이에서 분할 받았으며, 다른 한편으로는 공동사용해도 소유자의 조건이 악화하는 일이 없는 것들은, 국민들이 국민들 서로 공유하여 왔기 때문이다.

따라서 타인의 항해를 방해하는 자가 어떠한 법에 의해서도 옹호되지 않는 것은 자명하다. 왜냐하면 우르피아누스는 그런 행위를 한 자는 손해 배상의 의무가 있다고 말해왔고,[73] 그리고 다른 학자들은 그런 행위를 한 자에 대해서 (오히려) 유용한 금지(utile prohibito) 명령이 제기될 수도 있다고 생각하여 왔다.[74]

결론적으로 네덜란드인들의 시도는 공통의 권리에 근거하고 있다. 왜냐하면 바다를 항행하는 일은, 어떤 나라의 군주로부터도 심지어 허가를 받지 않았다고 하더라도, 만인에게 허용된다는 점은 보편적으로 인정되기 때문이다. 그리고 이 사실은 스페인의 여러 법률에도 명확히 표현되어 있다.[75]

---

73) 『학설휘찬』, ⅩLⅢ, 8, 2. (『공공의 장소에는 아무 것도』장의 「법무관 가라사대」의 §「만약 누군가 바다에서」).
74) 『학설휘찬』, ⅩLⅢ, 14. (『공공의 하천에서』)에 관한 주석학자들의 주석.
75) 『학설휘찬』, Ⅰ, 8, 3. (『여러 사물의 분할 배당에 대하여』의 「여러 작은 돌들도 또한」편)에 관한 발두스의 주석; 주아리우스(Zuarius), 『바다의 사용에 대한 두 가지 조언』, Ⅰ, 3, 28, L. 10 및 12. 〔주아리우스는 앤트워프의 주에리우스 Philippus Zuerius(? – 1606)일 것이다〕.

제6장

포르투갈인들은 교황의 증여를 근거로
바다의 소유나 항해의 권리를 가질 수 없다

발견에 근거한 구실이 불충분한 만큼, 포르투갈인들이 자신들의 동인
도제도에서의 독점적인 항해 권리와 바다의 전용을 정당화하는 다음 구실
은 아마도 교황 알렉산더의 증여일 것이다. 그러나 앞에서 언급해왔던 것
처럼, 증여는 명백히 공허한 허장허세로 결론 났다. 왜냐하면 증여가 매매
의 대상이 되지 않은 사물에 관해선 어떠한 효력을 갖지 못하기 때문이다.
그러므로 바다의 소유나 해상을 항행하는 권리는 어떤 사람의 사적 소유
가 될 수 없기 때문에, 교황이 그것을 줄 수도 없고, 포르투갈인들은 그것
을 받을 수도 없다는 사실로 귀결한다. 더욱이 위에서 언급한 것처럼, 건
전한 판단력을 가진 모든 사람들의 견해에 의하면, 교황이 지상의 속세의
지배자가 아니며, 확실히 바다의 지배자가 아니라는 사실은 의심의 여지없
이 인정된다. 그러나 설사 교황을 바다의 지배자로 인정한다 하더라도, 교
황청에 속한 권리의 일체 혹은 그 일부가 어떤 국가의 국왕이나 국민으로
이양될 수는 없다. 비슷하게 황제도 또한 제국에 속한 왕국이나 공국 등을

자신의 사적 용도로 전용하거나, 자신의 뜻대로 타인에게 양도하는 일은 불가능하다.[1]

이제, 영적인 문제의 불가피성으로 인해 요구되는 경우를 제외하면, 누구도 세속적인 문제에 대한 처분권(jus disponendi)을 교황에게 양도하지 않을 것이며, 지금 논의되는 문제, 즉 바다의 소유와 바다에서의 항행권의 문제는 신앙이 아니라 전적으로 돈과 수익에 관련된 것이란 점을 고려하면, 조금이라도 생각이 있는 사람이라면 여기에 대해 교황의 관할권이 없다는데 동의할 것이다. 군주들, 즉 현세의 지배자들조차도 만인이 항해하는 것을 금할 수 없다. 왜냐하면 군주들이 바다에 관해서 어떠한 권리를 갖는다고 하더라도, 그것은 단지 관할과 보호의 권리에 국한된 것이기 때문이다! 교황이 자연법에 반하는 법을 용인할 어떤 권한도 없다는 것은 누구나 다 아는 사실이다.[2] 그러므로 어떤 사람이 바다나 그 사용권을 자신만의 것으로서 소유하는 일은, 이미 충분히 입증한 바와 같이 자연법과 충돌한다. 마지막으로, 교황은 결코 누구로부터도 그 권리를 거두어들일 수 없기 때문에, 그렇게나 많은 나라의 죄가 없고 유죄 선고를 받지 않은 무고한 국민으로부터 스페인에게 속하는 것 못지않게 그들에게도 속하는 권리를 교황의 말 한마디(증여)로 배제하려고 한다면, 그러한 증여가 무슨 수로 변론될 수 있겠는가?

그러므로 이런 종류의 (증여) 선언은 효력이 없거나, 혹은 그에 못지않게 신뢰할 수 없는 것으로 단언할 수 있고, 증여는 교황이 스페인인들과 포르투갈인들의 분쟁을 중재하려는 의도였으며, 교황이 증여로 인해 다른 나라 국민들의 권리를 침해하려는 의도는 없었다.

---

1) 빅토리아, 『인디오에 대하여』, Ⅰ, n. 26.
2) 실베스트리스(Silvestris), 『교황이라는 말에 관하여』, n. 16.

제7장

포르투갈인들은 시효나 관습을 근거로 바다의 소유나 항해의 권리를 가질 수 없다

(바다에 관한 권리의) 불평등성의 최후의 구실은 일반적으로 시효 (praescriptionis) 혹은 관습에 근거한 주장 혹은 호소이다. 그러므로 포르 투갈인들은 시효나 관습을 변론하는 데 전념해 왔다. 그러나 기존의 확실한 법 논리는 포르투갈인들이 시효나 관습에 호소하는 것을 허용하지 않는다.

시효는 국내법의 소관이다. 따라서 시효는 여러 국왕들 간에 혹은 여러 국가의 자유민과 국민들 사이에 적용될 수 없다.[1] 그리고 시효는 국내법보 다도 언제나 우위에 있는 자연법이나 만민법과 충돌될 경우에 훨씬 더 효 력이 약하다. 아니 그뿐 아니라 심지어 국내법 자체도 바다에 관한 권리라 는 현안에서 시효를 인정하지 않는다.[2] 왜냐하면 사유재산이 될 수 없는

---

1) 바스케스, 『잘 알려진 논쟁문제』, c. 51.
2) 도노, 『로마법의 주석』, Ⅴ, 22 이후;『학설휘찬』, ⅩⅧ, 1, 6. (「매매 계약을 하는 데 대하여」의 「그러나 켈수스는」); ⅩLⅠ, 3, 9. (「시효 취득에 대하여」의 「시효 취 득을」), 25. (「다음의 일 없이는」);『교령집6권』, Ⅴ, 12. (「법의 여러 규칙에 대하 여」의 「점거 없이는 규칙」);『학설휘찬』, L, 16, 28. (「말의 의미에 대하여」의 「양도 의」); ⅩⅩⅢ, 5, 16. (「지참금의 한도에 대하여」의 「만약 한도를」).

사물들, 즉 소유 혹은 외형적으로 소유할 수 없는 것, 그리고 양도할 수 없는 사물들은 시효나 한시적인 사용 취득으로 획득할 수 없기 때문이다. 이상의 적시 사항들은 바다의 소유와 바다의 사용에 관련해서는 의심의 여지 없이 사실이다.

또 공공물, 즉 한 국가의 소유인 사물은, 그 사물의 본성 때문이든, 혹은 그와 같은 시효(한시적인 사용권)의 영향으로 다른 사람들의 권리가 제한되기 때문이든, 한시적인 기간도 결코 소유할 수 없다. 그러므로 공공물의 향유에서 나오는 편익(바다에서의 항행)은 일국 국민에게 부여하기보다는 인류 전체에 부여하는 것이 훨씬 더 정당한 일이지 않은가? 이 점에 관해 파피니아누스(Papinianus)는 다음과 같이 언급하고 있다. "만민법상 '공적인' 것으로 알려진 장소의 소유에서 장기의 점유에 의한 시효는 통상 유효한 것으로 인정되지 않는다."[3] 하나의 예로서, 그는 건축물이 설치됨으로써 그 일부가 점유된 해안을 사례로 든다. 만약 이 건축물이 헐린 뒤에 다른 사람이 동일한 장소에 건축물을 세웠을 때 그것에 대해서 (시한부 소유를 부정하는) 다른 법을 적용할 수 없다. 그 다음 그는 공적인 것(res publica)과의 유사성에 의해 동일한 요지를 설명한다. 예컨대 만약 어떤 사람이 강의 항로를 벗어난 지류에서 수년 동안 고기잡이를 해왔는데, 그곳에서 이제 고기잡이를 하지 않는다면, 그 뒤에 그는 다른 사람이 동일한 장소에서 고기잡이할 권리를 금지할 수는 없다.

따라서 안젤루스(Angelus)와 그의 추종자들이, 베네치아인들이나 제노바인들은 시효에 의해, 자국 해안 앞에 펼쳐진 바다의 만에 대해 구체

---

3) 『학설휘찬』, XLI, 3, 45. (「시효 취득에 대하여」); 『칙법휘찬』, Ⅷ, 11, 6. (「공공사업에 대하여」의 「시효」); XI, 43, 9. (「수도에 대하여」의 「세심하게」); 『학설휘찬』, XLIII, 11, 2. (「공공의 도로에 대하여」의 「도로를」); XLI, 3, 49. (「시효 취득에 대하여」의 「종장」).

적이고 특별한 권리를 획득할 수 있다고 언급해 왔는데,[4] 이들은 실수를 하였거나 혹은 사람들을 기만하고 있었던 것으로 보인다. 이런 일은 법학자들이 그들의 신성한 전문직의 권위를, 정의나 법을 위해서가 아니라 권력자의 호의를 얻기 위해 행사할 때 너무나 자주 일어난다. 이에 반해 다른 맥락에서 앞서 언급한 마르키아누스(Marcianus)의 견해는, 파피니아누스의 말과 엄밀하게 비교해 본다면,[5] 일찍이 요하네스나 바르톨로(Bartolus)[6]에 의해 입증되어온 해석과   로 일치한다.[7] 즉 (자신과 같은 곳에서 타인이 고기잡이를 하   ) 방해할 권리(jus prohibendi)는 점유가 지속되는 동안만 유효하 . 만약 점유가 종식되면 그 권리는 소멸된다. 그리고 파울루스 카스트렌시   (Paulus Castrensis)[8]가 정확하게 고찰한 것처럼, 그 점유는 1000년간 지속되   왔다하더라도, 일단 점유가 중단되면, 점유에서 발생하는 방해할 권리는 효력   . 그   르키아누스—그가 그렇게 생각하였을 리가 없지만—는 점유가 인정된 장소 어디에서나 시효에 의한 획득이 인정된다고 설사 주장하였다하더라도, (일국의) 공공의 하천에 대해 이야기한 바를 (만민의) 공유의 바다에 대해 적용하거나, 혹은 항로에서 벗어난 만 혹은 강의 지류에 대해 이야기한 바를 만에 대해 적용하는 것은 어리석은 일이다. 왜냐하면 후자의 경우 시효

---

4) 『법률 조언집』, 286. 제목은 「강화의 제 조항에 대해서」이다. 〔안젤루스(Angelus Aretinus, ? -144)는 『학설휘찬』과 『법학제요』에 관한 다수의 주석서를 출간하였다〕.

5) 『학설휘찬』, XLIV, 3, 7. (「여러 가지 시간경과에 의한 시효에 대하여」의 「만약 누군가가」).

6) 〔바르톨로(Bartolus de Saxoferrato 1314-1357)는 유명한 후기 주석학파인데, 그의 전기 작가들은 '시민 지혜의 최고 조율자(optimus auriga in hac civili sapientia)'로 명명했다〕.

7) 두아레누스(Franciscus Duarenus), 「시효 취득에 대하여」c. 3; 『학설휘찬』, XLI, 3, 49. (「시효 취득에 대하여」의 「종장」)에 관한 퀴자의 주석; 『학설휘찬』, XLI, 1, 14. (「여러 사물의 지배권의 획득에 대하여」의 「해안에서」)에 관한 도노의 (『로마법의 주석』), V, 22의 주석.

8) 〔퀴자는 카스트렌시스를 저명한 이탈리아 법학자(? - 1420 혹은 1437)라고 언급하였다〕.

가 만민법에 의해 (만인에게) 공유되는 어떤 것의 사용을 방해하지만, 전자의 경우 시효가 (국가) 공공의 사용을 전혀 방해하지 않기 때문이다. 더욱이 송수로의 사용을 근거로 제기한 안젤루스의 또 하나의 논거는,[9] 카스트렌시스가 지적한 바와 같이, 논지를 벗어난 것으로 만인에 의해 정당하게 거부당하고 있다.

그렇다면, 그와 같은 시효가 인간의 기억을 넘어서는 시기(오랜 시간의 경과)에 의해 발생한다는 주장은 진실이 아니다. 왜냐하면 법은 일체의 시효를 전적으로 인정하지 않으며, 심지어 태고의 시기에도 시효는 어떤 효력도 없었기 때문이다. 다시 말하자면 펠리누스(Felinus)가 이야기하는 것처럼,[10] 본성상 시효가 적용될 수 없는 사물들은 단순히 기억하지 못할 정도의 시간의 경과로 인해 시효가 적용되는 사물들이 될 수 없다. 발부스(Balbus)는 위의 주장에 대해 옳다고 인정하고 있지만,[11] 안젤루스의 의견은 다음과 같은 이유에서 수용될 수 있다고 말한다. 즉 태고의 시간은, 완벽한 법적 근거가 그와 같은 시간의 경과로부터 유래한다고 추정하기 때문에, 하나의 근거를 형성하는 특권과 같은 효력을 지닌다고 믿기 때문이다. 따라서 법률학자들(발부스나 안젤루스)이, 한 국가, 예컨대 로마제국의 일부가 태고의 시기부터 그와 같은 권리를 행사해 왔다면, 마치 어떤 군주로부터 이전의 승인이 존재하는 것처럼 간주하여, 시효에 의한 자격은 인정되어야 한다고 생각하였던 것처럼 보인다. 그러나 누구도 만인의 권리에 반하여 어떤 한 사람 또는 어떤 한 국가의 국민들에게 이러한 권리를 승인

---

9) 『칙법휘찬』, XI, 43, 4. (『수도에 대하여』의 「물의 사용을」); XI, 43, 9. 「세심하게」 참조; 『학설휘찬』, XLIII, 20, 3. (『나날의 물과 여름의 물에 대하여』의 「이 법에 따라」의 「물을 긷는 일이란」) 참조.
10) 『교황 그레고리우스 9세의 교령에 대하여(On Decretales Gregorii Papae IX)』, II, 26, 11. (『시효에 대하여』의 「속편」).
11) 『시효에 대하여』, IV, 5, q. 6, n. 8. (발부스는 무엔츠-호프(muentz-hof)의 목사이자 법학자였다).

하는 권한을 가진 전 인류의 지배자는 존재하지 않는 바, 앞에서 말한 구실은 완전히 사라지며, 이와 더불어 시효에 의한 자격은 또한 필연적으로 사상누각이 된다. 그러므로 이들 법률학자들의 견해는 심지어 무한한 시간의 경과조차도 복수의 국왕들 사이 혹은 독립된 국민들 사이에 통용되는 권리(시효에 근거한 바다에 대한 권리)를 설정할 수 없다는 것이다.

더욱이 안젤루스는 설사 시효가 소유권을 창조할 수 없다하더라도 이의신청은 점유자에게 유리하게 허용되어야 한다는 아주 근거가 빈약한 주장을 제기한다. 하지만 파피니아누스는, 이의신청은 있을 수 없으며, 그 당시 시효야말로 예외 그 자체였기 때문이라고 아주 설득력 있게 말한다.[12] 그러므로 스페인의 법률이 말하고 있듯이,[13] 아무리 태고의 시기로 소급되는 시효라 하더라도, 그 시효가 만인의 공동 사용권이 인정되는 사물들에 대한 권리를 발생시킬 수 없다는 것이 진실이다. 그리고 시효의 이러한 정의는 다른 무엇보다도 다음의 첫 번째 이유에 근거한다. 즉 공유물(res communis)을 사용하는 자는, 사적인 권리가 아니라 공동의 권리에 의존하여 그것을 사용하며, 그리고 소유의 불완전한 특성 때문에 그는 용익권을 행사하는 사람이 할 수 있는 것 수준 정도로 시효에 근거한 법적 자격을 설정할 수 있기 때문이다.[14]

두 번째 근거도 경시해서는 안 된다. 기억이 없을 정도로 긴 시간의 경과에 따라 창조된 시효에는 법적 근거와 선의가 상정되어 있음에도 불구하고, 사물 그 자체의 본성에 의해서는 어떤 법적 근거도 주어지지 않는 것이 명백하다면, 그리하여 잘못된 믿음(fide mala)—하나의 사물이 한 개

---

12) 『학설휘찬』, XLI, 3, 49. (『시효 취득에 대하여』의 「최종」)에 관한 주석.
13) 「휘장(Placa)」장의 29조 1항 7목의 3; 『바다의 사용에 대한 두 가지 조언』, n. 4.
14) 파킨햄, (『자유권을 둘러싼 열 가지 논쟁에 대하여』), Ⅷ, c. 26 및 33; 『시효에 대하여』, parte 2, § 2, n. 8; § 8, n. 5 및 6. [파킨햄(Nicholas Fachinham, ?–1407)은 옥스퍼드에서 신학을 가르쳤던 프란치스코회 수도사였다].

인뿐만 아니라 한 국민에게 영구히 소유된다—이 근거를 가지게 된다면 그때는 이중의 결함에 의해 시효는 붕괴한다.[15] 또 세 번째 근거는 아래에서 살펴보겠지만, 우리가 시효와는 관계없는 단순한 기능적인(facultatis) 권리를 고려한다는 사실이다.

그들의 교묘한 시도는 끝이 없다. 이 현안에 관해 시효와 관습을 구별하려는 법률가들이 있는데, 만약 그들이 시효를 인정받지 못한다면 이와 구별되는 관습을 구실로 삼기 위해서이다. 그러나 그들이 여기서 설정하는 구별은 아주 황당무계하다. 그들이 말하길, 여타 다른 사람으로부터 빼앗은 어떤 사람의 권리가 시효에 의거하여 다른 사람에게 부여되지만,[16] 이에 반해 어떤 권리가 여타 다른 사람의 것을 빼앗지 않는 방식으로 어떤 사람에게 부여될 경우에, 그것은 관습이라고 부른다. 마치 실제로 만인에게 공유되는 항해의 권리가 어떤 한 사람에 의해 획득되어 그 이외 모두들에게 배제되는 것처럼, (그것이 관습에 의한 획득으로 행해졌다고만 하면) 항해의 권리가 한 사람의 소유가 되었을 때 만인에게 속한 그 권리가 반드시 소멸되지는 않는다!

이 잘못된 학설은 파울루스(Paulus)가 바다의 사적인 소유권에 관해 말했던 것의 오역에 근거한다.[17] 아쿠르시우스(Accursius)[18]는 그와 같은 권리가 특권 혹은 관습에 의해 획득될 수 있다고 말했다. 그러나 파울루스의 텍스트에 대한 아무리 봐도 어울리지 않는 아쿠르시우스의 첨언은, 원본에 충실한 해설자의 것이라기보다 오히려 무모한 추론자의 해석처럼 보

---

15) 파킨햄, 위의 책, Ⅷ, c. 28.
16) 『학설휘찬』, Ⅰ, 8. (『여러 사물의 분할 배당에 대하여』)에 관한 안젤루스의 주석; 발부스, 『시효에 대하여』, Ⅳ, 5, q. 6, n. 2; 바스케스, 『잘 알려진 논쟁 문제』, c. 29, n. 38 참조.
17) 『학설휘찬』, ⅩLⅦ, 10, 14. (『하위 법 행위에 대하여』의 『확실히』)에 관한 주석.
18) 〔아쿠르시우스(Franciscus Accursius ?-1259)는 저명한 아조(Monarcha Juris Azzo)의 제자로 대주석(Glossa Magna)과 거의 동의어로 간주된다. 그는 법률가의 우상으로 불렸다〕.

인다. 파울루스가 언급한 말의 진의는 이미 설명한 그대로이다. 더욱이, 앞의 잘못된 설을 주장하는 사람들은, 그 조금 앞에 나오는 우르피아누스의 말[19]에 대해 좀 더 사려 깊게 고찰했다면, 전혀 다른 주장을 하게 되었을 것이다. 왜냐하면 우르피아누스는 어떤 사람이 내 집 앞에서 고기잡이하는 일을 방해받았다고 하면, 그와 같은 금지는 권리의 강탈인데,[20] 이런 일이 받아들여진 것은 관습에 의한 것이지 법에 의거한 것이 아니며, 그러므로 고기잡이를 금지당한 사람의 손해배상소송은 가능하다고 인정하고 있기 때문이다.

그래서 우르피아누스는 이러한 관행을 경멸하여 찬탈(usurpatio, 부당취득, 용익권 정지)이라고 부르는데, 크리스트교 학자들 중에서는 암브로시우스(Ambrose)도 비슷한 입장이다.[21] 두 사람의 주장은 정당하다. 왜냐하면 관습이 자연법 내지 만민법과 정면으로 배치될 때 관습은 무효라는 것만큼 더 분명한 것이 있겠는가?[22] 사실 관습은 일종의 실정법(iuris positivi)인데, 실정법은 일반법 혹은 보편법을 무효화할 수 없다. 바다의 소유와 바다의 이용이 만민의 것이라는 사실은 다름 아닌 보편법이다. 더욱이 우리가 시효에 관해 언급해왔던 내용은 관습에 대해서도 마찬가지로 진실이고 똑같이 적용된다. 만약 어떤 사람이 이 현안에 대해 생각을 달리하는 사람들의 의견을 조사하게 된다면, 그는 관습이 특권에 의해 확립된다는 사실을 알게 될 것이다. 그러나 누구도 만인의 권리에 유해한 특권을 인정하는 권한을 갖지 못한다. 그러므로 그와 같은 관습은 다른 국가들 간에 효력을 가질 수 없다.

---

19) 『학설휘찬』, XLVII, 10, 13. (「불법행위에 대하여」의 「여러 불법행위의」의 「최종」). 〔XL 참조〕.
20) 『학설휘찬』, XLVII, 10, 13에 관한 주석학파의 주석.
21) 『성직자의 임무에 대하여』, I, 28; 젠틸리, (『전쟁의 법에 대하여』), I, 19. (「목적 하에」).
22) 『신칙법(Authenticum)』, 「그렇게도 많은 관행으로」의 §1 「재판관들 중에 누구도」.

그러나 이 문제 전체를 가장 꼼꼼하게 논한 사람은, 스페인의 석학인 바스케스(Vasquez)로서,[23] 그가 법에 관해 규명할 때도 자유의 원리를 설명할 때도, 한 치의 의혹을 남기는 경우가 없었다. 그는 이런 명제를 정립한다. "만민법에 의해 만민에게 공통된 그리고 공적인 장소는 시효의 대상이 될 수 없다." 그는 이 명제를 많은 저술가들의 주장으로 입증하고, 그 다음엔 안젤루스와 그 외의 사람들이 날조한, 위에서 이미 언급한 이의를 부언하고 있다. 그러나 바스케스가 이의를 검토하기 전에 그는 이러한 모든 현안들의 진실이 자연법과 만민법의 올바른 인식에 달려 있다는 정당하고 합리적인 언급을 한다. 그 이유는, 자연법이 신의 섭리에 유래하기 때문에 불변이다. 그런데 이 자연법의 일부가 만민법의 일차적이고 원초적인 법이며, 그래서 가변적인 만민법의 이차적 혹은 실정적인 법과는 구별된다. 왜냐하면 만약 어떤 몇 가지 관습들이 원초적 만민법과 양립할 수 없다면, 바스케스의 판단에 의하면, 그러한 관행들은 인간이 아니라 야수의 관습으로, 그러한 관습들은 법도 관례도 아닌 변질된 법과 오용된 관례일 뿐이다. 그러므로 그런 관습들은 아무리 긴 시간이 흘러도 결코 시효가 될 수 없으며, 어떠한 법률 문구에 의해서도 정당화될 수 없고, 또 많은 국가의 국민의 어떤 합의나 준수, 혹은 일상적 실행에 의해서도, 결코 뿌리를 내릴 수 없다. 그는 이 점을 몇 가지 실례와, 특히 스페인의 신학자 알폰소 데 카스트로(Alphonse de Castro)의 증언으로 확인한다.[24]

바스케스는 말한다. "이러한 점에서, 위에 언급한 사람들의 의견이 얼마나 의심스러운 것인가는 명백하다. 그들은 제노바인들이나 혹은 베네치아인들이, 마치 만이나 해협 그 자체에 대한 (오랜 시간 동안 지속된) 시효

---

23) 『잘 알려진 논쟁 문제』, c. 89, n. 12와 그 다음을 볼 것.
24) 『형법의 효력에 대하여(De potestate legis poenalis)』, Ⅱ, 14, parte 572. 〔카스트로(? - 1558)는 살라망카의 신학자로, 황제 카를로스 5세의 고해성사 신부였다〕.

의 권리를 가진 것처럼, 각각 자국 바다의 만이나 해협을 다른 나라 국민들이 항행하는 것을 정당하게 방해할 수 있다고 생각한다. 이런 행위는 여러 법률에 반할뿐만 아니라,[25] 또한 불변 항구적인 자연법 혹은 원초적 만민법에도 반한다. 이런 지적은 동일한 법(자연법)에 의해 바다나 수역뿐만 아니라 그 외의 모든 부동산도 또한 (만인의) 공유물이었기 때문에 참된 것이다. 그리고 예를 들어 토지의 지배권이나 소유권에 관해서 말하면, 이것은 훗날 부분적으로는 자연법—애초에 토지의 소유는 자연법에 의하면 (만인에게) 공동의 것이었지만, 그 다음에 그것이 구분, 분할되었고—에서 벗어나 최종적으로 토지 소유는 원초적인 공동체의 공동사용과는 상관없이 분리되었다.[26] 그렇지만 바다의 소유권에 관해서는 사정이 달랐다. 바다는 세계가 처음 시작했을 때부터 지금까지 언제나 (만인의) 공유물이었으며, 주지하고 있듯이, 바다는 공유물의 상태를 줄곧 유지해왔다."

그는 계속해서 말한다. "그리고 내가 때때로 듣는 바에 의하면, 포르투갈 왕은 서인도제도(그리고 아마도 또한 동인도제도)의 광대한 바다의 항행권에 관한 (오랜 시간 동안 지속되는) 시효의 권리를 가진다고 믿었고 그 외의 나라의 국민이 이러한 수역을 통과하는 것은 허용되지 않는다고 믿는다. 그리고 우리 스페인인들 가운데에도 민중은 대부분 이와 동일한 의견을 갖고 있는 것으로 보인다. 말하자면 스페인인들을 제외한 다른 나라의 사람들이 우리(스페인)의 막강한 왕들이 정복한 인도의 여러 영역으로 펼쳐진 광대하고 거대한 바다를 항행하는 권리를 전혀 갖고 있지 않다는 것

---

25) 『학설휘찬』, XLI, 1, 14. (「여러 사물의 지배권의 획득에 대하여」의 「해안에서」); XLI, 3. (「시효 취득에 대하여」의 주로 「최종」); 『법학제요』, Ⅱ, 1, 2. (「여러 사물의 분할 배당에 대하여」의 「하천」의 「만인에게」); 『학설휘찬』, XLIV, 3, 7. (「다양한 시간 경과에 의한 시효에 대하여」의 「만약 누군가가」); XLVII, 10, 14. (「불법 행위에 대하여」의 「분명히 만약 바다의」).
26) 『학설휘찬』, I, 1, 5. (「정의와 법에 대하여」의 「이 법에 입각하여」); 『법학제요』, I, 2, § 2. (「자연법과 만민법과 시민법에 대하여」의 「그러므로 만민법은」).

이다. 그렇지만 이러한 사람들 모두의 믿음은, 제노바인들이나 베네치아인들에 관해 거의 같은 몽상을 언제나 품고 있는 사람의 견해 못지않게, 지나칠 정도로 무지몽매한 것이다. 실제로 그들의 믿음이 무지몽매하다는 사실은 특히 다음과 같은 점에서 한층 명백하게 드러난다. 왜냐하면 앞서 말한 국민들의 어느 누구도 자신에 반하는 시효를 설정할 수 없기 때문이다. 말하자면 베네치아공화국도 제노바공화국도, 그리고 스페인 왕도 포르투갈 왕도 그들이 본성에 의해 소유하고 있는 권리들에 반하는 시효를 부과할 수 없기 때문이다.[27) 왜냐하면 시효의 권리를 주장하는 자와 그와 같은 권리의 설정으로 인해 제약을 받는 사람이 같은 동일 인물이어서는 안 되기 때문이다."

"그런데 그들이 그 외의 나라 국민들을 상대로 한 시효의 설정은 자국 상대의 경우보다 훨씬 더 어렵다. 왜냐하면 시효는 앞서 상술한 것처럼 (국가 내에서만 유효한) 권리이기 때문이다. 그러므로 그러한 권리는, 세속의 사항에 관해 자신보다 우위의 존재를 인정하지 않는 국가와 국가의 군주 혹은 국민 (전체) 사이에서 문제가 될 경우에는, 흐지부지된다. 왜냐하면 어떤 장소에서만 적용되는 국내법은, 외국인들—그것이 국민 전체든 개개인의 경우라도—에 대해서는 그러한 권리가 실제는 결코 존재하지 않거나, 혹은 존재한 적이 없는 경우와 마찬가지로 실효성이 없기 때문이다. 그리하여 의거하여 행사해야 하는 법은 만민 공통의 법—원초적인 것뿐만 아니라 이차적인 법—인데, 그와 같은 시효나 실효지배를 인정한 적이 명백히 없는 법에 의존해야 한다. 왜냐하면 천지창조 이후부터 그래왔던 것처럼 오늘날 바다의 사용은 만인에게 허용된다. 그러므로 어떤 사람도 바

---

27) 『학설휘찬』, XL I, 3, 4, 26, (27). (「시효 취득에 대하여」의 「거기에서 귀결하는 것은」의 「만약 도로를」); 『법학제요』, IV, 6, 14. (「항소 권리에 대하여」의 「이처럼」); 『학설휘찬』, XXX, 11. (「유산에 대하여」, I, 「자식과 함께」및 parte 1, q. 3 및 4)에 관한 바르톨로와 야손(Jason)의 주석.

다나 수역에 대해 인류의 공동 사용권을 제약할 수 있는 권리를 획득할 수 없다. 그리고 '내가 원하지 않는 바를 남하게 하지 말라'라고 하는 유명한 가르침은, 자연법이자 신의 법 모두에서 존재한다. 따라서 항해는 그것을 하는 자 이외의 누구에게도 유해한 것이 아니기 때문에, 누구에 대해서도 그것을 제재할 수 없고, 금지해서는 안 된다는 것은 정당한 일이다. 그것은 그 본성상 자유이고, 또 자신에게도 전혀 유해하지 않는 (항해라는) 일에 관하여, 항해하는 사람의 자유를 방해하고, 그리고 앞서 말한 가르침과 규칙을 위반하기—이것이 위반이라는 것은 특히 명시적으로 금지라는 표현이 없는 한 모든 사안들은 허용된 것으로 해석하기 때문이지만—하기 때문이다.[28] 더욱이 자유항행을 방해하고자 하는 것은 자연법에 반하는 일일 뿐만 아니라, 심지어 우리는 그 정반대의 의무, 즉 항해가 우리 자신에게 무해한 채로 진행될 때 우리가 할 수 있는 한 그와 같은 항해를 도와야 하는 의무가 있다."

바스케스는 신적 및 인간적 권위에 의존하여 그의 요지를 설명한 뒤 다음과 같이 부언한다.[29] "우리가 위에서 이미 언급한 요한 파버, 안젤루스, 발두스, 프란체스코 발부스의 의견이 신뢰하기 힘들다는 것도 분명하다. 왜냐하면 그들은 만민법상의 공유물이, 시효에 의한 획득은 가능하지 않다 하더라도 관습에 의한 획득은 가능하다고 생각하기 때문이다. 그러나 이들의 생각은 전적으로 잘못된 것이며, 그들의 학설은 불분명하고 애매하며, 이성의 최소한의 논리도 결여되어 있고, 또 사실이 아니라 주장으로 된 법

---

28) 『학설휘찬』, I, 5, 4. (「인간들의 상태에 대하여」의 「자유」); 『법학제요』, I, 3, 1. (「여러 개인의 권리에 대하여」의 「그리고 자유는」); 『학설휘찬』, XLIII, 29, 1, 2. (「자유로운 인간을 입증하는 데 대하여」); XLIV, 5, 1. (「그러한 여러 사물에 대한 소권은 주어져 있지 않다」의 「서약」의 「짊어져야 하는 것」); 『칙법휘찬』, III, 28, 35. (「의무에 반하는 유언에 대하여」의 「만약 다음과 같은 경우에」의 「예의」의 「구속을 받아야 하는 사람들을」); 『학설휘찬』, IV, 6, 28. (「이러한 원인 가운데 중요도가 높은 것」의 「그리고 다음과 같지 않은 것은 없다」의 「그것의 무엇이」).
29) 『칙법휘찬』, III, 44, 7.

을 구성한다.[30] 왜냐하면 스페인인들, 포르투갈인들, 베네치아인들, 제노바인들 및 그 밖의 여러 국민에 속하는 바다의 예에서, 자신들이 배타적인 항행을 하고 타국 사람이 항행하는 것을 금지하는 권리는 시효에 의해 획득되지 않는 것과 같이 관습에 의해서도 획득되지 않는다는 것을 분명히 알기 때문이다.[31] 그리고 논리적인 이유가 두 경우(공유물과 바다)에 동일하다는 것은 명백하다. 왜냐하면 앞에서 제시한 법과 논리에 따르면 항행금지는 자연적 공정에 반할뿐 아니라, 어떠한 실익도 초래하지 않고 단지 피해만 초래할 뿐이기 때문에, 따라서 항행금지는 명문화된 법률에 의해 도입될 수 없는 것과 마찬가지로, 관습적인 혹은 묵시적인 법률에 의해서도 도입될 수 없다.[32] 그러한 금지는 시간의 경과에 의해서 정당화되기는커녕 오히려 부당성이 심화될 것이며 날이 갈수록 해악을 더해 갈 것이다."

다음으로 바스케스는 토지를 최초에 점유함으로써 인류 영역 안에서의 수렵할 권리, 그리고 자신의 강에서 고기잡이 할 권리를 가졌다는 것을 보여준다. 이러한 인류의 권리가 특정 사람의 독점성이 인정되는 방식으로 예전의 공유상태에서 일단 분리된 뒤, 그 권리들은 "그 시작의 기억이 존재하지 않을 정도"로 긴 시간의 경과에 따른 시효, 말하자면 한 국민 (전체)의 암묵적인 승인에 의거하여 (특정의 사람에 의해) 획득될 수 있었다. 그러나 이런 방식의 권리 획득은 시효에 의거한 것이지 관습에 의거한 것은 아니다. 왜냐하면 획득자의 상황만이 좋아지고 있는 데 반해 다른 사람들의 상황은 악화되고 있기 때문이다. 바스케스는 강에서 고기잡이 할 사적 권리가 관행에 의한 권리가 되기 위해서 필요하다고 여겨지는 세 가지

---

30) 『교령집』, Ⅵ, 43. (『유산의 공유』의 뒤에서 2의 『주지하는 일과 함께』).
31) 『학설휘찬』, Ⅸ, 2, 32. (『아퀼리암(Aquiliam) 족의 법률에 대하여』의 『전술한 바의』).
32) 『교회법』, Ⅳ, C. 2. (『그러므로 법률은』); 『학설휘찬』, Ⅰ, 3. 1-2, 30 (『여러 법률에 대하여』의 『이러한 것에 대하여』 및 그에 계속하는 부분); 『교황 그레고리우스 9세의 교령집』, Ⅸ, Ⅱ, 26, 20. (『시효에 대하여』의 『다음의 것 때문에』).

조건을 열거한 다음, 다음과 같이 첨언한다.

"그런데 바다에 관해서는 어떠한가? 바다의 경우는 (고기잡이를 하는 사적 권리가 시효에 의해 생기기 위해 필요하다고 여겨지는 것보다) 설명할 것이 더 많다. 왜냐하면 앞의 세 가지의 조합도 그와 같은 (바다에서 고기잡이를 하는 사적) 권리를 획득하기 위해서는 충분하지 않기 때문이다. 한편에서의 바다, 다른 한편에서의 토지와 강 사이의 (사적 소유와 관련된) 차이의 이유는, 바다의 경우는 태고적부터 존재하여 왔던 어로와 항해에 관한 만민의 원초적 권리가 여전히 지금도 변함없이 존재하며 앞으로도 존재할 것이다. 왜냐하면 그 권리는 만민의 공유상태에서 분리된 적이 없으며 따라서 특정인이나 집단에게 부여된 적이 없기 때문이다. 그러나 후자, 즉 토지나 강에 관해서는 이미 논한 것처럼 사정이 달랐다."

"그러나 토지와 강에 관하여 앞에서 말한 분리를 초래하였던 이차적 만민법이, 바다에 관해서는 동일한 방식으로 작용하지 않았던 까닭은 무엇인가? 전자의 경우 이차적 만민법이 필수적이면서 편의주의적이기 때문이라고 나는 생각한다. 왜냐하면 만약 엄청나게 많은 사람들이 토지에서 수렵을 하거나 강에서 고기잡이를 한다면, 숲에서는 야생동물이, 강에서는 물고기가 고갈되는 일이 쉽게 일어나지만, 바다의 경우 그런 일이 일어날 가능성은 없다는 것을 만인이 알기 때문이다. 마찬가지로 강에서의 항행은 강가의 건축물 탓에 위축되거나 방해받기 쉽지만, 바다의 경우 그런 일은 없다.[33] 그러므로 토지와 강, 그리고 바다의 경우에 적용되는 이치는 다르다."

"물이나 우물, 그리고 또 강의 공동 사용에 대해 앞에서 말했지만, 이는 위의 사례에 적용되지 않는다. 왜냐하면 공용은 (물, 우물, 강)에서 물을 마시거나 그와 비슷한 종류의 일체에 대해 허용된 것으로, 말하자면 그

---

33) 『학설휘찬』, XLⅢ, 13. (「공공의 강에서 어떤 일이 일어나지 않도록」).

와 같은 일들이 강을 소유한 사람이나 강에서의 다른 권리를 가진 사람의 권리를 전혀 해치지 않거나, 해친다 해도 매우 경미한 피해밖에 끼치지 않기 때문이다.[34] 이러한 것들(무해 또는 경미한 피해)은 우리가 무시해도 좋은 사소한 일들이다. 우리의 논지를 구성하는 것은 다름 아닌 불공평한 일은 시간이 경과해도 시효에 의해 인정되지 않는다는 점이다. 그러므로 불공평한 법률은 아무리 시간이 흘러도 시효에 의해 효력을 얻거나 정당화되는 일은 없다." 바스케스는 다음과 같이 좀 더 자세히 말한다, "법률의 규정에 따라 시효에 의한 권리를 획득할 수 없는 것은, 심지어 천년의 시간이 흘러도 시효에 의한 권리 취득의 대상이 될 수 없을 것이다." 그는 학자들의 무수한 증언으로 이를 뒷받침하고 있다.[35]

이제 만인은 아무리 긴 시간 동안 지속되어 온 실효지배(타인의 권리 강탈)라 하더라도 공유물의 사용을 방해할 권한이 없다는 것을 안다. 뿐만 아니라 이와 의견을 달리 하는 사람의 권위는 여기서 논쟁 중인 현안에 적용될 수 없다는 사실을 부언하지 않을 수 없다. 왜냐하면 이 사람들이 논하는 것은 지중해에 대해서이고 우리가 논하는 것은 대양에 대해서이기 때문이다. 즉 그들은 만에 대해, 우리는 드넓은 바다에 관해 논하며, 점유라는 관점에서 만과 대양은 전혀 다른 대상이기 때문이다. 그리고 위에 언급한 그들이 시효에 의한 바다에 관한 배타적 권리의 취득을 인정하는 사람들, 예를 들면 베네치아인들이나 제노바인들은, 그 바다와 연결된 해안을 소유하고 있지만, 그러나 포르투갈인들은 이런 종류를 전혀 소유하고 있지 않다는 것이 명백하기 때문이다.

---

34) 『학설휘찬』, Ⅳ, 4, 3. (「연소자에 대하여」의 「내가 아는 바」); 바스케스 『상속의 진행에 대하여』 Ⅰ, 7.
35) 발부스, 『시효에 대하여』, 5, 11; 16, 13; 알폰소 데 카스트로, 『형법의 효력에 대하여』, Ⅱ, 14;『칙법휘찬』, Ⅶ, 39, 14. (「30년 내지 40년의 시효에 대하여」의 「만인이」)에 관한 발부스와 안젤루스의 주석.

그뿐 아니라 혹자들이 생각하는 것처럼, 설령 시간의 단순한 경과가 공공물에 관한 시효에 의한 권리 획득을 가능하게 만들 수 있다고 하더라도, 그와 같은 권리 창조를 위해 절대적으로 필수적인 조건이 이 경우에 결여되어 있다. 시효에 의한 공공물의 소유권 획득을 위한 세 가지 조건은 다음과 같다. 첫째 모든 학자가 주장하는 바에 따르면, 이런 종류의 시효에 의한 소유권을 획득하려는 사람은 긴 시간에 걸쳐 점유해 왔을 뿐만 아니라, 기억할 수 없을 정도로 예전부터 실제로 점유해 왔어야 한다는 사실. 둘째 이 기간 동안 어떤 사람도 앞서 말한 소유권을 주장하는 사람의 승인 하에 혹은 그 사람 몰래 사용하는 경우를 제외하고 동일한 소유권을 행사해 온 사람이 없었다는 사실. 셋째 또 그가 소유권을 행사함으로써 타인이 그의 소유지를 사용하려는 것을 방해해 왔을 뿐 아니라, 그 사항과 관련이 있는 사람들이 그 점을 확실히 알고 또 묵인해온 사실, 이 세 가지 요건이 모두 충족되어야 한다. 왜냐하면 심지어 그가 지속적으로 소유의 권리를 행사하여 왔고, 그리하여 그가 일부 사람들이 그의 소유권을 행사하려는 것을 방해해 왔다하더라도, 모든 사람들의 행위를 방해한 것이 아니기 때문이다. 그렇다면 일부 사람들은 이용에 방해를 받았지만 그 외 다른 사람들은 그것을 자유롭게 사용해온 것이기에, 학자들의 의견에 따르면, 그와 같은 유형의 소유는 시효에 의한 권리의 획득이 되기엔 불충분하기 때문이다.

또 세 가지 조건들이 동시에 구비되어야 하는 이유는 분명하다. 법이, 그와 같은 시효를 획득한 사람은 자신의 사적인 권리를 행사해 온 것이지 공적인 권리를 행사해 온 것이 아니며, 또 지속적인 소유 또한 사적인 권리를 행사해 온 것이라는 점을 보여주기 위해, 공적인 사물에 대한 시효에 의한 소유권 취득을 가로 막고 있기 때문이다.

그리고 인간의 기억 시기 이전으로 소급되는 긴 시간이 시효에 의한 권리 생성을 위해 요구될 경우는, 가장 훌륭한 해석자들이 제시하는 것처럼, 한 세기의 경과를 입증하는 것만으로는 항상 충분하지 못하고, 그 반대(시효를 부정하는 것)의 상황을 보거나 들은 사람이 아무도 없을 정도로 선조들에 의해 우리에게 계승되어 온 전승이 이론의 여지가 없어야 한다. 아프리카에서의 군사행동을 기회로, 포르투갈인들이 좀 더 먼 대양 해역으로의 탐험을 최초로 개시한 것은, 주앙 2세 치세인 1477년의 일이었다.[36] 20년 뒤인, 마누엘 왕 치하에, 포르투갈인들은 희망봉을 돌아 항행하였고, 그로부터 약간 뒤에 말라카나 그 너머의 섬들에 다다랐다. 네덜란드인들이 몰루카제도로 항해하기 시작한 것은, 포르투갈인들이 그 섬들에 첫발을 내디딘 지 채 100년이 지나기 전부터였다. 그러나 그 사이의 시기(포르투갈인의 동인도제도 도달과 네덜란드인의 항해)에도 실상은, 포르투갈과 네덜란드 이외의 제3국 국민에 의한 동인도제도에서의 실효지배가 다른 모든 나라의 국민이 실효 권리를 창조하는 것을 방해해 왔다. 예컨대 스페인인들은 1519년 이래, 포르투갈인들이 몰루카 주변 해역을 소유하였다는 사실에 대하여 의문을 제기해왔다. 프랑스인들이나 잉글랜드인들도 또한, 이 해역으로 포르투갈 몰래 들어온 것이 아니라 공공연하게 들어왔다. 뿐만 아니라 아프리카나 아시아의 해안선을 따라 거주했던 사람들은 자신들에게 가장 가까운 바다의 해역에서 지속적으로 어로나 항행 활동을 해 왔으며, 그와 같은 활동은 포르투갈인들에 의해 금지명령을 받은 적이 한 번도 없었다.

　그러므로 전체적인 결론은 포르투갈인들이 대양을 항해하여 동인도로 가는 다른 모든 국가 국민의 권리를 방해할 어떤 권리도 갖지 못한다는 사실이다.

---

36) 오소리우스, 『포르투갈 왕 마누엘의 치적에 대하여』 I. 〔오소리우스(Hieronymus Osorius, 1506-1580)은 포르투갈의 키케로로 불린다〕.

제8장
모든 사람들 사이의 상거래는 만민법에 의해 허용된다

그런데 만약 포르투갈인들이 동인도제도의 사람들과 통상할 배타적인 권리를 가진다고 주장한다면, 그들의 주장은 이미 제시해왔던 것과 동일한 여러 논거에 입각하여 반박될 수 있을 것이다. 그러한 논거를 간략하게 재론한 뒤, 이 논거에 입각하여 포르투갈인들의 상기의 주장을 논박할 것이다.

만민법에 의거하여, 모든 사람은 상거래를 할 자유가 있으며, 누구도 교역에 종사할 기회를 박탈당할 수 없다는 원칙이 도입되었다.[1] 이 원칙의 적용이 사적인 소유권의 구별이 성립된 이후 지속적으로 필연적이었던 점을 고려하면, 이 원칙은 소유권의 구분이 발생하는 시점보다 훨씬 더 오래 전에 존재했었다고 간주된다. 아리스토텔레스가 『정치학』에서 예리하게도 말한 것처럼, 교환의 기술이란 자연이 부족하게 제공하는 것을 보충하여, 만인이 자족하도록 만들기 때문이다.[2] 따라서 만민법에 따라, 상거래는 소극적인 의미에서뿐만 아니라 적극적인 의미 혹은 법률 대가들이 말하는 긍

---

1) 『학설휘찬』, Ⅰ, 1, 5. (「정의와 법에 대하여」의 「이 법에 입각하여」); 바르톨로, 『학설휘찬 주해』.
2) 아리스토텔레스, 『정치학』 Ⅰ, 9. (1257a 30).

정적인 의미에서도 만민에게 개방되어야만 한다.[3] 부정적 의미의 범주에 속하는 상거래는 변경 가능하지만, 적극적, 긍정적인 의미의 범주에 속하는 상거래는 변경할 수 없다. 이 문장은 다음과 같이 해석할 수 있다.

자연은 만인에게 만물을 부여했다. 그러나 이미 논한 것처럼 모든 것이 도처에서 생산되지 않기 때문에, 그리고 인간은 서로 동떨어져 살고 있기 때문에 인간 생활에 필수불가결한 많은 사물들의 사용에 방해를 받았다. 그래서 이 장소에서 저 장소로의 이동이 필요했는데, 여전히 물물교환이 이용되었던 것이 아니라, 자신들 스스로의 판단에 따라 사람들은 서로 타인의 영토에서 발견된 여러 사물들을 사용하고 싶은 만큼 서로 활용하고 있었다. 대략 거래는 다음과 같은 방식으로 중국인들 사이에서 발생하였다고 학자들은 말한다. (교환 대상이 되는) 사물들을 들판의 보관 장소에 두면, 신의와 양심에 따라 교환에 임하는 사람들이 (이 장소로 와서) 자신들이 가져가는 상대방의 물건 가치에 상응하는 자신의 교환 물품을 놓고 오는 방식이다.[4]

그러나 동산이 사적인 소유로 전환되었을 때(이러한 전환은 위에서 설명한 바와 같이 필요에 의해 일어난다), 곧바로 어떤 사람에게는 부족한 것이 다른 사람에게는 필요 이상으로 공급되는 것에 의해 보충되는 교환 방식(물물교환)이 도입되었다.[5] 이런 방식으로 대(大) 플리니우스가 호머의 인용을 통해 입증하는 것처럼, 상업은 일상 필수품의 부족에 의해 탄생하였던 것이다.[6] 또 부동산도 사적인 소유로 인정되기 시작한 뒤, 그 영향으로 서로 떨어져 사는 사람들 사이뿐만 아니라 심지어 인근에 사는 이웃들 사이에서도 보편적 공동체의 공동 사용이 폐지되었고, 이는 거래를 필

---

3) 코바루비아, 「죄」의 장, § 8, 참조.
4) 폼포니우스 멜라, 『세계의 위치에 대하여』, Ⅲ, 7.
5) 『학설휘찬』, XLⅢ, 1, 1. (『구입 계약에 대하여』의 「기원」).
6) 『자연사』, XXXⅢ, 1.

요불가결하게 만들었다. 거래를 더욱 더 용이하게 진행시키기 위해서, 약간 뒤 사람들은 화폐를 고안하였는데, 화폐의 어원이 보여주는 것처럼 화폐는 자연적으로 존재하지 않고 인위적으로 만들어진 것(nomos)에 의해 존재한다.[7]

그러므로 모든 계약의 보편적인 합리적 근거, 즉 교환은 자연에서 유래한다. 그러나 그에 반해 교환의 몇몇 개별적인 방식과 화폐 지불 그 자체는 (인간의) 법에서 유래한다.[8] 예전의 법 해석자들은 자연과 인간의 결정에서 유래하는 교환을 충분히 구별하지 않았다. 그러나 모든 법학자들은 여러 사물들, 특히 동산의 소유가 원초적 만민법에서 생겨났다는 점과, 또한 가격이 매겨지지 않는 모든 계약 또한 동일한 만민법에서 유래했다는 사실에 동의한다.[9] 철학자들은,[10] 우리가 '도매'와 '소매'로 번역할 수 있는 그리스 단어를 사용하여 두 종류의 교환을 구별한다. 이 중 '도매'는 그리스 단어가 가리키는 것처럼,[11] 멀리 떨어진 나라와 국민 사이에서 이루어지는 것으로, 플라톤의 『공화국』에서 언급하고 있듯이, 자연의 질서에서 '소매'보다도 앞서 등장한다. 아리스토텔레스가 또 다른 그리스 단어를 사용하며 '소매'를 설명하고 있는데, 같은 도시 내 시민들 사이의 소량거래 혹은 가판 거래를 의미한다.[12] 아리스토텔레스는 도매를 해상과 육상무역으로 세분한다.[13] 그러나 대량거래와 소량거래 중 소매는 훨씬 사소하고 천박하

---

7) 아리스토텔레스, 『니코마코스 윤리학』, 5, 5, 11. (1133a, 20 (정확히는 30); "자연이 아니라 '노모스(nomos)', 즉 법이나 규약에 의한 것이기 때문"; 『정치학』 I, 9. (1257b, 10).
8) 『교회법』, I, 7. (「자연법」); 아리스토텔레스, 위의 책.
9) 『학설휘찬』, I, 1, 5. (「정의와 법에 대하여」의 「이 법에 입각하여」)에 관한 치노(Cino da Pistoia) 및 그 외의 사람들의 주석에 의거한 카스트렌시스의 주 20 및 28.
10) 플라톤, 『소피스트』, 223d.
11) 『학설휘찬』, L, 11, 2. (「시장에 대하여」)에 인용된 플라톤, 『국가』, Ⅱ, (371).
12) 『정치학』, I, 11 (1258b, 22–23).
13) 〔정확한 원문은 다음과 같다. "교환으로 이루어지는 재산 획득의 가장 중요한 분야는 상업이다. 상업은 용선(傭船), 운송, 판매의 세 부분으로 나누어진다." 옮김이 주〕.

며, 이에 비해 대량 거래는 훨씬 더 고귀하다. 가장 고귀한 거래는 해상무역인데 왜냐하면 해상무역은 많은 물건을 많은 사람에게 분배하기 때문이다.[14]

그러므로 우르피아누스는 선박의 관리운영이 국가의 최고 정무라고 말한다. (해상무역과 관련된) 선박의 관리운영은 전적으로 자연적인 본성상 필수적이기 때문이다. 반면 행상꾼의 관리운영은 자연적인 본성상 필수적인 것은 아닌 바 선박과 동일한 가치를 갖는 것은 아니라고 말한다. 아리스토텔레스는 다른 곳에서 다음과 같이 그 이유를 설명한다. "왜냐하면 교환의 기술은 일체의 소유물로 확대되었기 때문이다. 교환의 기술은 당초 사람들의 일부가 필요 이상을 갖고, 다른 사람들은 필요 이하를 가진 상황에서 자연적인 방식으로 시작되었다."[15] 그리고 세네카는 이런 맥락에서 사고파는 것이 만민의 법이라고 말했던 것이다.[16]

그러므로 교역의 자유는 자연적이고 항구적인 원인을 갖는 원초적 권리에 토대를 둔다. 따라서 교역의 자유는 폐지될 수 없고, 만민의 동의 없이는 어떤 경우에도 폐지할 수 없는 것이다. 그리하여 어떤 두 국가의 국민들이 상호간의 독점적인 계약을 맺고자 하는 것을, 두 국가 이외의 어떤 국가의 국민이 어떤 식으로든 정당하게 방해할 수 있다는 (포르투갈의) 주장은 근거가 없다.

---

14) 키케로, 『의무에 대하여』, I, 150-151; 아리스토텔레스, 『정치학』, I, 9.
15) 아리스토텔레스, 『정치학』, I, 9 (1257a, 14-17).
16) 『선행에 대하여』, V, 8.

제9장
포르투갈인들은 점유를 근거로
동인도제도 사람과의 상거래 권한을 가질 수 없다

(2장과 5장에서 상술하였던) 발견이나 점유는 여기서 고려의 대상이 될 수 없다. 왜냐하면 교역을 위한 이동의 권리는 물리적으로 손에 움켜쥘 수 있는 물질적인 어떤 것이 아니기 때문이다. 만약 포르투갈인들이 동인도제도 사람들과 통상을 한 최초의 사람—이런 주장은 전적으로 비논리적이며 허위에 불과하다—이었다 해도 발견이나 점령이 포르투갈인들의 현안(동인도제도 사람과의 배타적 통상권)의 관철에 도움이 안 될 것이다. 왜냐하면 처음에 사람들이 각각 다른 노선을 따라 교역에 나아간 이후, 어떤 사람들이 (도착한 곳에서) 최초의 거래자가 되는 것은 필연적이었고, 그렇다고 해서 최초의 거래자가 그로 인해 어떠한 권리도 획득하지 못하였다는 것은 의심의 여지없이 확실하기 때문이다. 그러므로 포르투갈인들이 동인도제도 사람들과 거래하는 어떤 권리를 주장할 자격이 있다고 하면, 다른 지역권(servitude)처럼 그 권리는 명시적 혹은 암묵적 승인에 입각하는, 바꿔 말하면 시효에 입각하여 발생한 것이어야 한다. 그렇지 않으면 그러한 권리는 존재할 수 없다.

제10장

포르투갈인들은 교황의 증여를 근거로 동인도제도 사람들과 상거래 권한을 가질 수 없다

아마도 교황을 제외하면, 동인도제도 사람들과의 상거래 권한을 포르투갈인들에게 승인한 사람은 전무한데, 교황은 이를 승인할 권한이 없다.[1] 왜냐하면 누구도 자신의 소유물이 아닌 것을 양도할 수 없기 때문이다. 교황이 전 세계의 세속적 지배자가 아닌 이상, 전 세계의 통상의 권리도 자신의 권리에 포함된다고 말할 수 없다. 식자들은 교황이 전 세계의 세속적 지배자라고 인정하지 않는다. 특히 상거래는 물질적인 이득에만 관련이 있고 영적인 문제에는 전혀 관련이 없으며, 만인이 인정하는 것처럼 영적인 문제를 벗어나면 교황의 권한은 정지되기 때문이다. 더욱이 만약 교황이 동인도제도와의 상거래 권한을 포르투갈인들에게만 부여하고, 그 외의 모든 사람들로부터는 그 권리를 빼앗고자 했다면, 교황은 이중으로 부당한 짓을 한 셈이 될 것이다. 첫째 그는 동인도제도 사람들에 대해 불법을 행하였는데, 그들은 크리스트교권 외부에 존재하는 사람이므로, 교황의 신민

---

1) 이 책의 제3장 및 제6장을 참조.

이 될 수가 전혀 없다. 그러므로 교황은 그들 자신의 것에 속하는 어떤 권리도 동인도제도 사람들로부터 박탈할 수 없기 때문에, 교황은 동인도제도의 사람들이 교역하기 원하는 사람들과의 교역 권리를 박탈할 수 없다. 둘째 교황은 크리스트교도이든 비 크리스트교도이든, (동인도제도 사람들 이외의) 모든 사람에 대해 불법을 행하였다. 교황은 공적인 심리(공청회, 재판) 없이 전술한 권리를 박탈할 수 없기 때문이다. 여러 합리적인 근거와 권위자들의 서술을 통해 이미 증명된 것처럼, 세속적 영주들조차도 자국 영내에서 통상의 자유를 방해할 수 없다는 사실을 환기하고자 한다! 하물며 교황은 말할 필요조차 없다!

그리하여 교황의 권위는 항구적인 자연법 및 만민법에 반한다면 전적으로 무효라는 사실, 그리고 자연법과 만민법으로부터 영원히 지속되어야 할 운명을 지닌 통상의 자유가 출현하였다는 사실을 인정하지 않을 수 없다.

제11장
포르투갈인들은 시효나 관습을 근거로 동인도제도 사람과의 상거래 권한을 가질 수 없다

이제 남은 것은 시효, 혹은 더 선호하는 용어가 있다면 관습이다.[1] 우리가 바스케스의 주장에 의거하여 입증하였던 것처럼, 관습도 시효도 자유국가들의 국민 간이나 서로 다른 국민들의 군주 사이에서는 아무런 효력이 없고, 또 원초적인 법에 의해 도입된 원리들에 반한다면 아무런 효력도 갖지 못한다. 이전에 설명하였듯이, 단순히 시간의 무한한 경과가 상거래의 권리를 사적인 권리로 전환되게 할 수는 없다. 상거래의 권리는 본성상 소유권과는 무관하기 때문이다. 따라서 이 경우에는 (시효의) 근거도 선의도 존재할 수 없다. 선의가 없는 것이 명백하다면, 법률의 규범에 따르면 시효는 권리로 간주될 수 없고 불법(타인에게 피해를 주는 것) 행위로 간주될 것이다.

그뿐 아니라 거래에 포함된 바로 그 소유는 사적 권리로부터 발생한 것이 아니라 만인에게 평등하게 속하는 공적인 권리로부터 발생한 것으로 보

---

1) 이 책의 제7장 참조.

인다. (다른 한편으로는) 다른 국가의 국민들이 동인도제도 사람들과 상거래를 소홀히 해왔기 때문인데, 그들은 포르투갈인들에게 유리하도록 그렇게 한 것이 아니라 오히려 그것이 자신들에게 최고의 이익이 된다고 믿었기 때문이다. 그러나 다른 국가의 국민들이 그 이전엔 하지 않았던 일이라도, (현재의) 편의성으로 인해 그들이 새삼 행하는 것을 방해할 수단은 없다. 왜냐하면 다음과 같은 매우 확실한 원칙이 학자들에 의해 전해지고 있기 때문이다.[2] 사물 그 자체의 기능적인 활동만 생겼을 뿐 새로운 권리를 창조하지 않는 자율적인 혹은 자기조정이 가능한 사물이라면, 심지어 천년의 시간이 흐른다고 해도 시효나 관습에 의한 법적 근거를 창조할 수 없을 것이라는 원칙이다. 바스케스가 설명하고 있는 것처럼, 이런 원칙은 긍정적인 방식으로도 부정적인 방식으로도 작동한다. 왜냐하면 나는 지금까지 나 자신의 자유로운 의지에 따라 해온 일을 하도록 강제되지 않고, 뿐만 아니라 나 자신이 결코 행한 바가 없는 일을 하지 않도록 강제되지 않기 때문이다.

그리고 또 개개인들로 구성된 우리들이 다른 개인들과 언제나 계약을 맺는다는 것이 지금 불가능하다고 해서, 미래에 만약 기회가 제공된다하더라도 그들과 계약을 맺을 권리가 보전되지 않았다고 추론하는 것보다 더 바보 같은 일이 있겠는가? 무한한 시간의 경과조차도 선택이 아니라 필연성에 의해 발생하였다고 보이는 권리를 확립하지 못한다는 사실을 바스케스도 주장하는데, 딱 들어맞는 말이다.

---

2) 『학설휘찬』, XLⅢ, 11, 2. (「공공의 도로에 대하여」의 「공공의 도로를」)에 대한 주석학파와 바르톨로의 주석; 발부스, (「시효에 대하여」), 4, pr. 5, qu. 1; 『교황 그레고리우스 9세의 교령집』, Ⅲ, 8, 10. (「양도의 제공에 대하여」의 「하스테넨(Hastenen)의 측에서」)에 대한 파노르미타누스(Panormitanus)의 주석; 『학설휘찬』, XLⅠ, 2, 41. (「양도의 획득에 대하여」의 「친부의 권리에 의해」); 코바루비아, (『교령집 제4권 주해』), 「점거자」, 2, § 2; 바스케스, 『잘 알려진 논쟁 문제』, c. 4, n. 10 및 12.

그러므로 동인도제도 사람과 통상할 시효에 의한 권리를 확립하기 위해서는 포르투갈인들이 (자연에 반하는) 강제를 입증하지 않으면 안 된다. 그러나 이와 같은 상황에서의 강제는 자연법에 반하고 또 모든 인류에게 유해하기 때문에, 그와 같은 권리를 만들어낼 수 없다.[3] 다음으로 이 강제는, (시효 또는 관습을 성립시키기 위해서는) "그 시작의 기억이 존재하지 않을 정도"로 긴 시간에 걸쳐 존속해온 것이어야만 하는데, 이 경우는 그렇지 못하다. 더욱이 (포르투갈인들에 의한 이러한 강제는) 베네치아인들이 알렉산드리아를 경유하여 동인도제도의 사람들과의 교역 거의 모두를 통제한 이후(의 시기로부터) 100년도 채 되지 않았다.[4] 더욱이 이러한 강제는 저항에 직면한 적이 없어야 했다. 그러나 프랑스인들이나 잉글랜드인들, 그 외 여러 국민이 포르투갈인들의 강제에 저항해왔다. 마지막으로 (시효, 관습의 성립을 위해서는) 어떤 사람들이 강제를 당했다는 것만으로는 충분하지 않고, 만인이 강제를 받았다는 사실이 필요하다. 왜냐하면 강제를 받지 않은 사람이 한 명이라도 있으면, 그로써 만인의 통상의 자유 향유가 유효한 상태로 유지되기 때문이다. 더욱이 아라비아인들이나 중국인들은 몇 세기 전부터 오늘날까지 (포르투갈인에 의한 강제를 받지 않고) 끊임없이 동인도제도 사람과의 상거래를 행하고 있다.

(그러므로) 포르투갈의 실효지배는 무효하다.

---

3) 바스케스, 『잘 알려진 논쟁 문제』, c. 4, n. 11.
4) 귀치아르디니, 『이탈리아사』, XIX.

제12장

포르투갈인들의 타국민의 동인도제도 사람들과의 통상 금지는 공정성의 근거가 전혀 없다

앞에서 논증해왔던 사실들로부터, 수익이 나는 통상에 참여하는 것을 자신들 이외의 다른 누구에게도 인정하지 않으려는 포르투갈인들의 비논리적인 탐욕은, 이 동일한 문제에 대해 관심을 가졌던 스페인 법률가들이 명백히 무의미하다고 입증한,[1] 바로 그 논거에 의존하여 자신들의 양심을 호도하기 위해 온힘을 다 쏟고 있다는 것을 쉽게 간파할 수 있다. 왜냐하면 포르투갈인들은 동인도제도에 관하여, 그들이 사용하는 모든 구실은 설득력이 없고 부당하다는 것을 명백하게 시사하고 있기 때문이다. 그들은 (통상을 금지할) 권리가 결코 일군의 신학자들에 의해 진지하게 승인된 적

---

1) 바스케스, 『잘 알려진 논쟁 문제』, c. 10, n. 10; 빅토리아 『인디오에 대하여』, I, 1, n. 3; 『학설휘찬』 VI, 1, 27 (「사물의 반환 청구에 대하여」의 「그런데 만약」의 마지막에서 두 번째 절) 및 『학설휘찬』 L, 17, 55, 151 (「여러 가지 규칙에 대하여」의 「누구도 … 라고는 보이지 않는다」와 「누구도 손해를」); 『학설휘찬』 XLII, 8, 13 (「위탁물의 사취에 대하여」의 「이것은 확증 된다」); 『학설휘찬』, XXXIX, 2, 24 (「미수의 손해에 대하여」의 「여러 하천의」의 최종 절); 『학설휘찬』 XLIII, 12, 1 (「여러 하천에 대하여」의 1, § 5)에 대한 바르톨로의 주석, 『칙법휘찬』 III, 34, 10 (「여러 지역권(地役權)에 대하여」의 「만약 너희가」에 대한 카스트렌시스의 주석; 『학설휘찬』 XXXIX, 3, 1 (「물에 대하여」의 「만약 거기에」의 「결국은」).

이 없다고 부언한다. 실제로 포르투갈인들의 이익이 그들의 면허와 양립할 수 없는 통상의 자유에 의해 빼앗기게 될 것이라는 포르투갈인들의 불만보다 더 부당한 일이 무엇이 있겠는가? 법적 논란의 여지가 없는 원칙은 다음과 같은 사실을 천명하고 있다. 자신의 권리를 행사하고 있는 사람은 책략을 도모하거나 사기를 치고 있지 않다고 공정하게 간주되며, 실제로 타인에게 손해를 끼치지 않는 것으로 간주된다. 이와 같은 사실은 만약 그가 타인에 해를 끼치기 위한 의도가 아니라 자신의 부를 증식시키기 위한 의도만 갖고 있다면 특히 옳은 말이다.[2] 왜냐하면 검토되어야 할 것은 주된 그리고 궁극적인 의도이지, 그 의도와 관련이 없는 결과가 아니기 때문이다. 실제로 우리들이 우르피아누스에 동의하는 적절한 표현을 하자면, 앞에서 말한 사람은 손해를 끼치고 있는 것이 아니라, 지금까지 타인이 누려왔던 수익을 어떤 사람이 얻는 것을 방해하고 있는 것이다.

더욱이 어떤 수익이 그와 관련된 만인에게 개방되어 있을 때, 만인은 그 수익이 타인 것으로 귀속되는 것보다 자신의 것으로 공시되는 것을 더 선호한다는 사실은, 자연적인 일이고 가장 고귀한 법뿐만 아니라 공정성에도 부합한다. 이 사실은 설사 타인이 그 수익을 먼저 획득하고 있어도 마찬가지이다.[3] 그 어떤 사람이, 다른 장인이 자신의 것과 동일한 기술을 연마하면 자신의 이익이 손해를 본다고 불평하는 장인을 지지하겠는가? 그런데 네덜란드인들의 주장은 앞의 경우(다른 장인)보다 더 합리적인데, 왜냐하면 동인도제도 사람과의 통상에서의 네덜란드의 권리는 인류 전체의 이익—포르투갈인들이 이를 파괴하려고 시도하고 있다—과 연결되어 있기 때문이다.[4] 그리고 이 일(네덜란드의 동인도제도 사람과의 통상)이, 바스

---

2) 바스케스, 『잘 알려진 논쟁 문제』, c. 4, n. 3 및 그 이하; 『학설휘찬』, XXXIX, 2, 26 (「미수의 손해에 대하여」의 「프로쿨루스(Proculus)」).
3) 바스케스, 『잘 알려진 논쟁 문제』, c. 4, n. 3 및 그 이하.
4) 바스케스, 『잘 알려진 논쟁 문제』, c. 1, n. 5.

케스가 유사한 사례에서 입증하듯이, 포르투갈에 대항하여 수행된다고 말하는 것은 옳지 않다. 왜냐하면 우리는 이 일이 선할 뿐만 아니라 최선인 경쟁을 위해 수행된다는 것을 부정하든가 아니면 분명하게 긍정해야하기 때문이다. 헤시오도스의 표현을 빌리면 "이런 경쟁은 (게으른 사람도 일을 하도록 부추기기 때문에) 인간에게 유익하다."[5] 왜냐하면 바스케스에 의하면, 가령 누군가가 동료에 대한 사랑에 감화를 받아, 곡물이 가장 부족할 때 그것을 평소보다 싼 가격에 팔았다고 하면, 그는 동일한 시기의 가혹한 사정을 이용하여 자신들의 곡물을 더 비싼 값에 팔려고 했던 사람들의 잔인하면서도 비정한 시도를 약화시켰을 것이기 때문이다. 그러나 혹자는 그와 같은 방식을 따르면 다른 사람들의 수입이 줄어들기 때문에 반대한다. 바스케스는 "우리는 이 사실을 부정하지 않지만" "그러나 수입의 감소에는 다른 모든 사람의 이익이 동반된다. 그래서 원컨대 세계의 모든 군주들이나 참주들의 수입은 (다른 사람들의 이익에 동반하여) 감소되기를 바란다!"고 말하고 있다.

진실로, 스페인인들이 전 세계의 관세권을 보유하고 있기 때문에 그들이 승낙하지 않으면 사고파는 일이 허락되지 않는다는 것보다 더 부당한 일이 무엇이 있겠는가?[6] 모든 국가에서, 우리는 곡물 투기꾼들을 증오하고, 심지어 그들을 처벌할 수 있다. 곡물시장에서 곡가를 끌어올리는 것처럼 극악무도한 종류의 밥벌이는 달리 찾아볼 수 없다.[7] 곡물 투기꾼들은, 아리스토텔레스가 말했듯이 만인을 위해 풍요로운 자연[8]에 반하는 위해 행위를 하고 있기 때문에, 이들에 대한 증오와 처벌은 당연하다. 따라서 상거래라고 하는 것이 소수의 사람들의 편리를 위해 고안된 것으로 여겨져

---

5) 『노동의 나날』, 24.
6) 『직법휘찬』, Ⅳ, 59 (『독점에 대하여』의 제1편).
7) 토마스 아퀴나스, 『신학대전』, Ⅱ, 2, q. 77 a. 1-3에 대한 카예타노의 주석.
8) 아리스토텔레스, 『정치학』, Ⅰ, 9.

서는 안 되고, 어떤 사람의 결핍이 다른 사람의 잉여에 의해 균형을 잡기 위해 고안된 것으로 간주해야 한다. (거래를 위한) 운송의 위험과 그 일을 떠맡은 사람들 모두에게 정당한 보상이 보장되어야 하지만 말이다.

그렇다면 하나의 국가인 비교적 작은 인간의 공동체에서 개탄스럽고 치명적인 것으로 간주되는 바로 동일한 사안이 (세계, 즉) 인류라는 보다 거대한 공동체에서는 참고 감내해야 하는 것으로 간주되어야 하는가? 참으로 스페인 국민이 전 세계의 (통상의) 독점권을 갖고 있는 것일까? 암브로시우스는 바다의 자유를 방해하는 자들을,[9] 아우구스티누스는 도로를 차단하는 자들을 비난하고 있으며, 나치안츠의 그레고리우스(Gregory of Nazianzus)[10]는 상품 사재기—그레고리우스 자신의 매우 뛰어난 표현에 의하면—를 행하여 다른 사람들의 무기력과 곤궁을 이용해 자신만의 이익을 취하는 무리를 비난하고 있다. 그뿐 아니라, 이들 현자들과 성인들의 의견에 의하면, 식량을 사재기하여 곡가를 올리는 자는 공개 처형되어야 하고 사형에 처해져야 한다.

그러므로 포르투갈인들은, 하고 싶은 만큼 몇 번이나, 또 하고 싶은 만큼 긴 기간, "너희는 우리의 수익을 갉아먹고 있다"고 소리쳐도 좋다. 네덜란드인들은 이렇게 답할 것이다. "웃기는 소리! 우리는 우리들 이익에만 눈독을 들이고 있지! 당신들은, 우리가 바람과 바다를 공유하기 때문에 분통을 터뜨리나요? 도대체 누가 당신들이 이러한 수익을 항상 가져갈 것이라고 보증했나요? 우리가 흡족해 하는 수익은, 당신들의 수중에도 손상되지 않은 채 있지요."

9) 『천지창조의 6일간』, V, 10, 4, q. 44.
10) 『성 바실리오에 대한 추도연설』.

제13장

네덜란드인들은 평화, 휴전, 전쟁 시에도 동인도제도 사람들과의 통상의 권리를 보유하여야 한다

지금까지 설명해 온 이유에 따라, 법과 평등이, 다른 사람들과 마찬가지로 우리들 네덜란드인들은 동인도제도 사람들과 자유롭게 통상할 수 있다는 사실을 천명하고 있기 때문에, 따라서 우리는 스페인인들과 강화를 맺든 휴전을 체결하든, 혹은 전쟁을 계속하든, 자연으로부터 얻은 (통상의) 자유를 항상 유지하여 왔다는 결론에 이른다. 강화에 관해 말하면, 두 종류, 즉 평등한 조건으로 맺어지는 경우와 불평등한 조건으로 맺어지는 경우가 있다. 고대 그리스인들은,[1] 전자를 대등한 집단들 사이의 협정, 후자를 명령에 의한 휴전이라고 불렀다. 첫 번째는 고상한 사람들을 위한 강화, 두 번째는 노예적인 기질을 가진 사람들을 위한 강화이다. 데모스테네스(Demosthenes)는 로도스 섬 주민들의 자유에 관한 연설 안에서 이렇게 말하고 있다.[2] 자유민이 되기를 원하는 사람들은, 그들에게 여러 법이 적

---

1) 투키디데스, 이소크라테스, 안도키데스.
2) 이소크라테스, 『아르키다모스』, 51. 〔그로티우스는 아마도 기억에 의존하여 인용하였을 것이다〕.

용되는 원인이 되는 휴전을 받아들이지 말아야 한다. 왜냐하면 그와 같은 휴전은 노예상태와 거의 동일하기 때문이다. 그런데 이소크라테스의 정의 —한쪽의 사람의 입장을 부당하게 약화시키는 것—에 따르면,[3] 그와 같은 조건들은 상대측이 자신들의 권리를 줄여나가는 원인이 되는 것들이다. 실제로 키케로가 이야기하는 것처럼,[4] 전쟁은 사람들이 피해(불법행위) 없이 평화 속에 살 수 있도록 하기 위해서 불사해야만 한다면, 그렇다면 평화는 노예상태를 수반하는 협정이 아니라 구속되지 않은 자유를 가져다주는 협정이어야만 한다. 왜냐하면 많은 철학자나 신학자들의 판단에 따르면,[5] 평화와 정의의 차이는 사실보다 오히려 명칭의 차이로서, 평화는 개인의 일시적 기분에 기초한 조화로운 동의가 아니라 질서 있는 규제에 기초한 조화로운 동의이기 때문이다.

이에 반해 휴전이 성립될 경우, 휴전 기간 중에는, 쌍방이 현상승인의 원칙(uti possidetis)(의 등가물)에 의거하고 있는 한, 쌍방의 당사자 누구의 조건도 더 열악하게 바뀌어서는 안 된다는 점이, 휴전의 본성 그 자체에서 충분히 명백하다.

그러나 우리가 적대국의 부당한 행위로 인해 전쟁에 휘말려들 경우에는, 우리의 전쟁 명분의 정당성은 행복한 결과에 대한 희망과 확신을 줄 것임에 틀림없다. "왜냐하면 만인은 자신이 손해를 입은 것을 만회하기 위해서는 가능한 한 격렬하게 싸우지만, 그러나 타인의 것을 빼앗아 이득을 얻기 위해서는 그렇게 싸우지 않기 때문이다"고 데모스테네스는 말한다.[6] 알렉산더 대왕은 자신의 생각을 이런 방식으로 표현하고 있다. "부당한 행

---

3) 『파네귀리코스(Panegyricus)』, 176.
4) 『의무에 대하여』, Ⅰ, 35.
5) 폴루스 루카누스(Polus Lucanus), 스토바이오스의 『정의에 대하여』에 관하여; 클레멘스 알렉산드리누스(Clemens Alexandrinus), 『잡록(Stromateis)』; 아우구스티누스, 『신국』, Ⅳ, 15.
6) 데모스테네스, 『로도스 섬 사람의 자유에 대하여』, ⅩⅤ, 10.

위를 벌이는 사람들은 최대의 증오를 감수해야만 한다. 반면 도발자들을 물리치는 사람들은 그들의 정당한 명분 때문에 용기와, 그들이 부당한 일을 하는 것이 아니라 이에 맞서기 때문에 최상의 희망으로 무장한다."

그래서 바다에서의 불굴의 국민(네덜란드인들)이여, 필요하다면, 들고 일어나라, 그리고 자신들만의 자유뿐만 아니라 인류의 자유를 위해 결연하게 싸워라.

> 그들의 전함이 백 개의 노를 저어 나아가도, 너희는 그것을 두려워하지 마라.
> 그 전함이 항해하는 바다는, 전함을 받아들이려 하지 않을 것이다.
> 그래서 그 배들의 뱃머리가 무시무시한 켄타우로스의 석상을 짊어져도,
> 너희는 알아야 할 것이다, 그것은 퍼석퍼석한 목상으로서, 무늬만 공허한 공포라는 것을.
> 군인의 내부의 사기를 꺾는 것, 또 고양시키는 것은, 명분이다.
> 대의명분이 정당하지 못하면, 수치가 손에 쥐고 있는 무기를 거두게 하리라. [7]

외국의 영토를 통과하는, (그 땅의 사람에게) 해를 끼치지 않는 여행이 거부되었다는 명목에 입각하여 시도되는 무력행사는 정당하다는 것을 많은 학자들이 믿고 아우구스티누스도 믿었다고 한다면,[8] 자연법에 의해 만인의 공유물인 바다의, 사람들에게 해를 끼치지 않는 공동 사용을 요구하여 이루어지는 무력행사는 (그보다) 훨씬 더 정당한 것이 아니겠는가? 자국 내에서 타국인에게 상거래를 금지하는 국가의 국민에 대항하는 싸움이 정당하다면, 자신들과 아무런 상관도 없는 국가의 국민 사이를 무력으로 떼 놓거나, 상호 왕래를 차단하는 국가의 국민은 어떻게 되겠는가? 가령 이 사건이 재판에서 논의되었다고 하면, 공명정대한 재판관으로부터 내

---

7) 프로페르티우스, (『서정시집』), Ⅳ, ⅵ, 47-52.
8) 『신국』, Ⅴ, 1.

려져야만 하는 여론이 예상하는 판결은 의문의 여지가 없다. (로마의) 집
정관의 법은 이렇게 명시되어 있다.[9] "집정관은 사람들이 국가 공공의 하
천에서 배나 뗏목을 저어가거나, 강둑에 뱃짐을 내리는 일을 할 수 없도록
물리력을 행사할 수 없다." 법 해석자들은 바다와 해안에 대해서도 동일한
방식의 금지 명령이 적용되어야 한다고 말한다. 예를 들어 라베오(Labeo)
는 "국가 공공의 하천 또는 그 강변에서, 배의 정박 혹은 항행을 어렵게 만
드는 일체의 행위를 해서는 안 된다"[10]고 집정관의 칙령을 해석하며, 바다
에 대해서도 유사한 금지 명령이 존재한다고, 즉 "바다 또는 해안에서 배
의 피난 및 정박 혹은 항행을 어렵게 만드는 일체의 행위를 해서는 안 된
다"[11]고 말했다.

　뿐만 아니라 이러한 명백한 금지 명령 이후에, 만일 누군가가 해상을
항행하는 것을 방해받거나, 자신의 제품을 팔거나 사용하는 것이 허락되지
않을 경우에는, 이 일을 명목으로 손해배상 소송을 제기할 수 있다고 울피
아누스는 말한다.[12] 더욱이 신학자들과 결의론자(決疑論者)들도, 타인의
사고파는 행위를 방해하거나 개인의 사익을 공공의 이익이나 만인의 이익
보다 우선시하거나 혹은 공통의 권리에 속하는 일에 관하여 어떤 방식으로
든 타인의 이용을 방해하는 자는 고귀한 중재자의 중재금액만큼 손해배상
의 의무를 지게 된다는 데 동의한다.

---

9) 『학설휘찬』, XLIII, 14, 1. (「공공의 하천에서 항행하는 일이 가능하도록」).
10) 『학설휘찬』, XLIII, 12, 1. (「여러 하천에 대하여」의 「머리말」).
11) 『학설휘찬』, XLIII, 12, 1. (「여러 하천에 대하여」의 § 「만약 바다에 무언가 있다면」).
12) 『학설휘찬』, XLIII, 8, 2. (「공공의 장소에서」의 「만약 누군가가」); XLVII, 10,
　　13 및 24. (「불법행위에 대하여」의 「불법행위의 소송」과 「만약 누군가가 소유물
　　을」); 실베스트리스(Silvestris), 「손해배상이라는 말에 관하여」; 『학설휘찬』, XL
　　VIII, 12, 2. (「농작물에 대한 울피아누스 법에 대하여」 및 XLVIII, 11, 6. (「이상한
　　죄에 대하여」의 「농작물을」)에 관한 올드라두스(Oldradus)와 아르키디아코누스
　　(Archidiaconus)의 주석. 〔올드라두스(Oldradus de Ponte ? - 1335)는 볼로냐
　　의 교회법학자, 아르키디아코누스는 아마도 이탈리아의 교회법학자인 귀도 드 바
　　이시오(Guido de Baysio ? - 1313)이었을 것이다〕.

이러한 원리들에 따른다면, 선량한 재판관은 네덜란드인에게 통상의 자유를 인정하고, 포르투갈인과 그 외의 무리들이 통상의 자유를 방해하는 것을 금하며 정당한 손해 배상을 명할 것이다. 그런데 법정에서 이루어진 판결이 실행되지 않을 경우, 전쟁을 통해 관철시키는 것은 정당하다. 아우구스티누스는 이를 인정하며 "상대방의 부당함은 정당한 전쟁을 유발한다"고 말했고,[13] 키케로도 비슷한 취지로 말한다. "다툼을 해소하는 두 종류의 방법이 있다. 하나는 담판에 의한 것, 또 하나는 무력에 의한 해결이다. 따라서 우리는 담판을 통한 해결이 소용이 없을 경우에만 무력에 의존해야 한다."[14] 또 테오드릭 대왕(King Theodoric)은 "상대방의 진심어린 정의를 기대할 수 없을 때는 전쟁에 호소해야한다"고 말했다. 그런데 폼포니우스(Pomponius)는 이전의 그 어떤 인용구보다 더 우리들의 논지에 근접한 결정을 제시한다.[15] 그는 만인의 공유물을 불법으로 점거하여 타인에게 피해를 끼친 사람이 그런 짓을 못하도록 강제로 막아야 한다고 천명한다. 신학자들도 다음과 같이 주장하고 있다. 개인의 소유물을 지키기 위해 일어난 전쟁이 정당한 것처럼, 자연법에 의해 만인의 공유물이어야만 하는 사물의 사용을 관철시키기 위해 시도된 전쟁도, 그에 못지않게 정당하다. 그러므로 도로를 봉쇄하거나 상품 운송을 방해하는 자에 대해서는, 공적인 권위자의 지침을 기다릴 필요도 없이, 범행을 근거로(via facti) 그렇게 행하는 것을 금해야만 한다.

사정이 이와 같으므로, 신이 자신 스스로 제정하신 가장 견고한 자연법을 위태롭게 하는 자들의 시도를 도울 것이라거나, 혹은 사람들이 자신의 이득만을 고려하고 인류 공동의 이익에 반하는 무리가 처벌 받지 않고 지내는 것을 용인할 것이라고 걱정할 필요는 조금도 없다.

---

13) 『신국』, Ⅳ.
14) 『의무에 대하여』, Ⅰ, 34.
15) 『학설휘찬』, ⅩLⅠ, 1, 50. (『여러 사물의 지배권의 획득에 대하여』의 「만약 해안에서」); 하인리히 폰 호르큼(Heinrich von Gorcum), 『정당한 전쟁에 대하여』, 9.

부록

스페인 왕 펠리페 3세의 두 편의 편지

최근 우리가 스페인 왕 자신과 포르투갈 (왕)의 의도가 명백하게 노정된 스페인 왕의 편지 몇 통을 입수함에 따라, 이들 편지들 중 특히 현안에 관한 해명을 포함하고 있는 두 통을 라틴어로 번역하여 부록으로 제시한다.

〈첫 번째 편지〉

친애하는 마르틴 알폰소 데 카스트로(Martine Alphonso de Castro) 총독이여, 왕인 짐은 경에게 정중한 인사를 보낸다.

이 서신과 함께 경에게 보내는 것은, 짐이 실행을 명한 포고를 활자 인쇄한 판본이다. 이 포고에 의해 짐은, 경이 (포고 안에) 명시되어 있는 것을 보게 될 여러 이유들과 짐의 지배에 부합하는 여러 이유들 때문에, 동인도지방 그 자체와 그 외의 바다 건너 여러 영역에서 외국인의 모든 통상을 금지한다. 이 문제는 최고로 중요하고 실용적인 사안이므로 만전을 다해 수행되어야만 한다. 짐은 경에게 명령하노라. 경은 이 서한과 포고를 받자마자 이 포고의 전문을 관할 권역의 모든 장소와 지방에 공포하는 임무를 성실하게 수행함과 동시에 이 포고에 포함된 임무를 수행하라. 임무 수행에서 대상자의 자격, 연령 혹은 조건에 따른 예외가 있어서는 안 되고, 유예나 면제가 있어서도 안 된다. 경은 어떠한 유형, 분류 혹은 성질의 것이라도 유예, 호소, 혹은 저항을 위한 논쟁을 일체 인정하지 말고 전심전력을 다해 명령의 실현에 매진하라.

그러므로 짐은, 이 포고가 그 집행에 관계하는 하급관리에 의해 완수되도록 명함과 동시에 임무를 거부하는 관리들이 있다면, 그들은 짐에 대한 봉사의 의무를 등한시할 뿐만 아니라 짐은 그들이 짐을 섬기기 위해 차지한 공직을 박탈함으로써 엄벌에 처할 것이라는 사실을 관리들에게 고지한다.

그런데 짐이 보고를 받은 바에 따르면, 경의 관할 영역에는 이탈리아인들, 프랑스인들, 독일인들, 저지대국가 국민 등, 여러 국적의 다수의 외국인이 체제하고 있고, 그들 대부분은, 짐이 아는 한, 우리 왕국 영토를 거치지 않고 페르시아와 터키의 영토를 거쳐 그곳으로 왔다. 그러므로 이 편지에 기술된대로 이 포고령이 외국인들에 대해 엄격하게 집행될 경우, 만약 그들이 우리의 적인 무어인의 거처로 도망쳐, 그 주변 사람에게 우리나라의 요새의 배치를 밀고하여, 그들이 짐의 영지에 피해를 끼칠 수 있는 방법을 제시하는 일이 있으면, 상당히 곤란한 일이 발생할 것이다. 그러므로 경이 이 포고를 집행하는 데 있어서, 일의 시급성과 사안의 다양성을 고려하여, 그러한 곤란한 일이 발생하지 않도록 만전을 다해 주길 바란다. 말하자면 경은 모든 외국인을 경의 관리감독 하에 둘 수 있도록 각별한 노력을 경주하고, 그들을 개개인의 서열에 따라 사찰함으로써, 그들이 우리나

라에 적대하여 어떤 일을 일으킬 수 없도록 하여, 짐이 이 포고령을 통해 지향하는 목적을 완전하게 달성하기 바란다.

1606년 11월 28일, 리스본에서 기록하여 왕의 서명을 받다. 왕의 명의로, 왕의 자문인, 동인도 총독인 마르틴 알폰소 데 카스트로 경에게.

〈두 번째 편지〉

친애하는 총독이여, 왕인 짐은 경에게 정중한 인사를 보낸다.

경이 거기에 있음에 따라, 또 경이 동방으로 향할 때 데려간 병력에 의해, 네덜란드인들에게 숨을 곳을 제공하고 있는 현지인들뿐만 아니라 그 땅에 머물고 있는 우리의 적 네덜란드인들도, 앞으로 (도발하거나 도발자들에게 도움을 주는) 그와 같은 일은 감히 하지 않게 될 정도로 처벌을 받게 될 것은 확실하다고 짐은 보고 있다. 그러나 설사 그렇다고 해도, 경이 국익을 보전하기 위해서는 다음과 같이 하는 것이 도움이 될 것이다. 경이 고아(Goa)로 돌아올 때는, 앞에서 말한 임무를 수행할 규모의 함대를 그 해역에 남겨두고, 그리고 이 함대의 명령권과 최고 감독권을 안드레아 우르타도 데 멘도사(Andrea Hurtado de Mendoza)에게 위임하거나 혹은 만약 이 임무에 한층 더 적합하다고 경이 판단하는 다른 사람에게 위임하라. 경의 짐에 대한 충정을 짐이 굳게 믿는 것처럼, 이 일에 관해 경은 짐의 이익에 가장 유익한 일에 전념할 것이라 믿어 의심하지 않는다.

1607년 1월 27일, 마드리드에서 기록하여 왕의 서명을 받다. 왕의 명의로, 왕의 자문이자, 동인도 총독인 마르틴 알폰소 데 카스트로 경에게.

바다 공간을 둘러싼 담론 경쟁

정문수

1.『자유해』집필 배경에 대하여

1603년 2월 25일 새벽 네덜란드 동인도회사 소속 야곱 반 힘스케륵 (Jacob van Heemskerck) 선장이 말라카 해협에서 포르투갈 상선 1,500톤 캐럭, 산타카타리나(Santa Catarina) 호를 나포하였다. 산타카타리나 호 는 마카오에서 말라카로 운항 중이었는데, 몇 시간의 전투 끝에 힘스케륵 은 산타카타리나 호의 선장 세바스찬 세룅(Sebastian Serrão)과 선원들을 살려두고 선적되어 있던 1,200베일(bale)의 생사(약 220만 길더)와 수백 온스의 사향을 약탈하였다. 전리품의 수익은 네덜란드 동인도회사 출자금 의 50%를 넘었을 정도로 엄청났다.[1] 1604년 9월 4일 암스테르담의 해군 성 법정은 힘스케륵이 동인도회사나 네덜란드 정부로부터 무력 사용을 허 가받은 적은 없었지만 선박의 나포를 정당한 것으로 판결하였다. 이 사건 은 동인도제도에서의 포르투갈 교역 독점을 종식시키는 서막이었다.

---

1) James C. Boyajian, Portuguese Trade in Asia under the Habsburgs, 1580 - 1640. JHU Press. 2008, pp. 150-151.

네덜란드 동인도회사의 선박이 산타카타리나 호를 나포하였을 당시, 네덜란드와 스페인·포르투갈은 교전 중이었다.[2] 네덜란드 동인도회사의 주주들은 의견이 갈렸다. 일부는 전리품의 배분을 환영하였고, 일부는 도덕적 이유 등을 들어 반대하였다. 포르투갈은 선적품의 반환을 요구하였다. 산타카타리나 호의 나포가 국내외에 논란이 되자 네덜란드 동인도회사는 법률가인 휴고 그로티우스를 고용하여 나포의 정당성을 변론하고자 하였다. 그로티우스는 이 요구를 받아들여 1604년-1605년에 『인디오에 관하여(De Indis)』를 저술한 것으로 보인다. 이 원고는 포르투갈 상선 나포와 그 전리품 배분을 정당화하였고, 1868년 책명을 해상과 육상 전시포획물에 관한 법, 즉 『전리품에 관한 법(De Jure Praedae)』으로 바꾸어 출간되기 때문이다.

1609년 4월 9일은 네덜란드 북부 7개주와 스페인 간의 전쟁(1572-1609)이 종결되어 앤트워프 조약에 따라 12년간의 휴전이 시작되던 날이었다. 1607년부터 네덜란드와 스페인은 휴전을 위한 협상에 들어갔는데, 스페인은 네덜란드의 독립을 인정하고, 반면 '폐쇄해(Mare Clausum)' 정책에 의거하여 동인도제도와 서인도제도에서 네덜란드의 교역 권리를 제약하는 조항을 명문화하고자 하였다.[3] 스페인의 폐쇄해 정책은 펠리페 3세가 인도 총독에게 보낸 편지에도 확인된다. 그는 1606년 11월 28일 인도 총독 알폰소 데 카스트로에게 보낸 편지에 "동인도지방 그 자체와 그 외의 바다 건너 여러 영역에서 외국인의 모든 통상을 금지하라"고 명하고 있

---

2) 스페인의 펠리페 3세(1589-1621)는 포르투갈의 왕위를 겸하고 있었기 때문에 네덜란드와 포르투갈도 전쟁 상황이었다고 보아도 무방하다.
3) "Truce between Spain and the United Netherlands, concluded at Antwerp, April 9, 1609," in Frances Gardiner Davenport, European Treaties bering on the History of the United States and its Dependencies to 1648, Carnegie Institution of Washington, Washington D.C. 1917, pp. 258-269.

다.[4] 또 1607년 1월 27일 편지에서는 군사력으로 "네덜란드인들에게 숨을 곳을 제공하고 있는 현지인들뿐만 아니라 그 땅에 머물고 있는 우리의 적, 네덜란드인들도 앞으로 (도발하거나 도발자에게 도움을 주는) 그와 같은 일을 감히 하지 않을 정도로 처벌하라"고 명한다.[5] 반면 협상과정에서 네덜란드는 독립과 동인도와 서인도제도에서의 교역의 자유를 확보하는 것을 매우 중요한 의제로 삼았다.

1609년 봄에 익명으로 나돌았던 『자유해(Mare Liberum)』는 그로티우스가 저자일 것이라는 소문이 자자하였다. 1607-1608년 네덜란드 동인도회사는 앤트워프 협정의 협상 과정에서 스페인과 포르투갈의 '폐쇄해' 정책에 대응하는 논리 개발을 그로티우스에게 요구하였기 때문이다. 그로티우스는 『자유해』에서 스페인 학자인 프란시스코 데 빅토리아(Francisco de Victoria, 1483-1546)와 페르난도 바스케스 데 멘차카(Fernando Vázquez de Menchaca, 1512-1569), 그리고 이탈리아계 잉글랜드 법학자 알베리코 젠틸리(Alberico Gentili 1552-1608)의 논거를 인용하여, 바다는 인류 공동 소유이며, 만인은 교역을 위해 바다를 자유롭게 이용할 수 있다고 주장했다.

그런데 그로티우스의 『자유해』는 신고가 아니라 5년 전에 작성하였던 『인디오에 관하여(De Indis)』의 12장이었다. 이 사실이 알려지게 된 것은 약 255년 뒤인 1864년에 이르러서였다.[6] 『자유해』는 1609년 엘제비르(Elzevir) 출판사가 라틴어판을 출간하였다. 라틴어 원본은 두 차례에 걸쳐 영역 출간되었다. 첫 번째 번역은 리처드 해클루트(Richard Hakluyt,

---

4) 이 책의 부록 스페인 왕 펠리페 3세의 두 편의 편지 중 〈첫 번째 편지〉 참조.
5) 이 책의 부록 스페인 왕 펠리페 3세의 두 편의 편지 중 〈두 번째 편지〉 참조.
6) James Brown Scott, "Introductory Note", in Hugo Grotius(trans. by Ralph Van Deman Magoffin), The Freedom of the Seas Or the Right Which Belongs to the Dutch to Take Part the East Indian Trade, Oxford University Press, 1916, p. v.

1552-1616)에 의해 그가 사망한 1616년 이전에 완성되었던 것으로 보인다. 그러나 해클루트의 영역본이 처음 대중에게 공개된 것은 2004년이었다.[7] 두 번째 번역은 항해의 자유가 국제적인 이슈로 부상되었던 제1차 세계대전 중인 1916년 출간되었다. 이 영역본은 1633년에 나온 엘제비르 출판사의 라틴어 텍스트를 랄프 반 데만 마고핀(Ralph Van Deman Magoffin)이 번역하였으며, 카네기재단의 후원을 받아 『자유해, 바다에서의 항해의 자유 또는 네덜란드인들의 동인도 교역에 참여할 권리』라는 이름으로 출간되었다. 스페인과 포르투갈의 '폐쇄해' 정책에 대항하는 '자유해' 담론이라는 것을 잘 보여주는 책명이었다. 필자는 1633년의 라틴어 판본과 1916년 영역 판본을 주 텍스트로 삼아 번역하였다. 그렇다면 스페인과 포르투갈의 '폐쇄해' 담론은 어떻게 탄생하였는가?

2. '폐쇄해' 담론[8]

바다 공간에 대한 담론의 형성과 경쟁은 15세기 말과 16세기 초에 나온 일련의 교황칙서와 포르투갈과 스페인의 신항로 경쟁과 양국 사이에 체결된 조약들이 그 단초를 제공하였다. 1493년 교황 알렉산더 6세의 칙령들에 기초한 1494년 토르데시야스 조약과 1529년 사라고사 조약에 의거하여, 스페인과 포르투갈은 세계의 바다를 동서로 양분하고 각각의 바다에 대해 관할권을 주장하였다. 이러한 폐쇄해 담론은 해안선에서 멀리 떨어진 대양에 대한 국가의 관할권을 인정한 것으로 전적으로 새로운 역사적 사건이었다.[9]

---

7) Hugo Grotius(trans. by Richard Hakluyt), Free Seas, Natural Law and Enlightenment Classics, Liberty Fund, 2004.
8) 이 장은 『글로벌지역연구』 6-2(2022)에 실린 필자의 「바다공간에 대한 담론과 태평양 탐사」의 II장을 수정 보완한 것임.
9) Elizabeth Mancke, "Oceanic Space and the Creation of Global

자국에서 멀리 떨어진 대양에 대한 국가권력의 투사는 1494년 토르데시야스 조약에서 시작되었다. 스페인과 포르투갈은 베르데제도 서쪽 370리그(1리그는 대략 3마일) 지점에 남북을 잇는 자오선을 긋고 경계 동쪽에서 발견되는 영토는 포르투갈의 소유, 서쪽에서 발견되는 영토는 스페인의 소유로 한다고 합의하였다. 이 경계선은 포르투갈이 이미 소유를 공인받았던 베르데제도와 콜럼버스가 1차 항해 당시 발견했다고 주장하는 서인도제도(오늘날 쿠바와 도미니카)의 중간선인 베르데제도 서쪽 100리그를 기준으로 조정한 것이었다. 이어서 자오선(베르데제도 서쪽 370리그)의 지구 반대편에 자오선을 긋고 태평양의 관할권과 영토의 소유의 경계를 정한 것이 스페인과 포르투갈 양국이 체결한 1529년의 사라고사 조약이었다.

1492년 크리스토퍼 콜럼버스의 서인도제도 발견에 이어 1493년 바르톨로뮤 디아스가 희망봉 탐사를 완수한 포르투갈의 동인도 항로 개척이 예견되었다. 당시의 지리적 지식에 따라 교황 알렉산더 6세는 스페인과 포르투갈의 영토 분쟁을 예방할 일련의 칙서를 발표하였다. 교황은 1493년 5월과 9월에 「다른 것들 사이(인테르 체테라 Inter caetera)」, 「참으로 오랫동안(두둠 시퀴뎀 Dudum siquidem)」 칙서를 통해 베르데제도 서쪽 100리그에 경계선을 긋고, 그 서쪽에서의 스페인의 소유를 명확히 하였다. 그리고 스페인의 소유가 경계 동쪽의 인도에 속했거나 현재 인도에 속한 영토라 하더라도 유효하다고 밝혔다.[10] 반면 경계 동쪽에서 발견되는 영토에 대한 포르투갈의 소유권 인정에 대해서는 언급이 없는바, 전체적으로 스페인에

International System, 1450-1800," in Daniel Finamore (eds.), Maritime History as World History, University Press of Florida, Florida, 2004, p. 151.

10) Pope Alexander Ⅵ, Inter Caetera. at https://www.papalencyclicals.net/Alex06/alex06inter.htm; Pope Alexander Ⅵ, Dudum siquidem. at https://www.reformation.org/dudum-siquidem.html.

유리한 내용이었다.[11]

한편 1492년 1차 항해 성공 이후 크리스토퍼 콜럼버스는 스페인으로 귀항하기 전에 먼저 리스본에 들러 포르투갈의 주앙 2세에게 포르투갈령에 속하는 카나리아제도 이남에 많은 섬들이 있다고 보고하였다. 주앙 2세는 카나리아 제도 이남의 섬들에 대한 포르투갈의 소유를 인정한, 1479년 스페인과 포르투갈 사이에 체결한 알카소바스 조약(Alcáçovas Treaty)[12]과 이 조약의 골자를 승인한 1481년 식스투스 4세의 교황칙서 「영원한 왕(에테르니 레지스 Aeterni regis)」[13]을 근거로, 콜럼버스가 발견한 서인도제도 남쪽 일부는 포르투갈령이며 대서양을 횡단하는 원정대를 그 곳으로 파병할 것이라 스페인을 협박하였다. 포르투갈에 비해 군사적으로 열세였던 스페인이 교황의 경계선에서 서쪽으로 270리그를 더 양보하여 분쟁의 소지를 줄였다. 토르데시야스 조약의 자오선은 교황의 원안에 근거하였지만 포르투갈의 입장이 반영되어 경계선이 수정되어 획정되었다.

대양의 동쪽 경계는 스페인과 포르투갈이 태평양을 탐험하면서 향신료 산지로 알려진 몰루카제도의 소유가 현안이 되면서 획정되었다. 1511년 포르투갈의 알폰소 드 알부케르케(Afonso de Albuquerque)가 말라카를 점령하였고, 이어 알부케르케의 명을 받은 프란시스코 세롱(Francisco Serrão)이 1512년에 몰루카제도의 암본 탐험에 이어 테르나테(Ternate)에 요새를 만들었다. 한편 세롱으로부터 정보를 획득한 페르디난드 마젤란과 후안 세바스티안 엘카노(Juan Sebastián Elcano)의 스페인 함대가 1521년 몰루카제도에 도착하였다. 마젤란의 세계일주 탐험 이후 스페인의

---

11) Davenport, op. cit., pp. 56, 71.
12) 카스티야 왕위 계승 전쟁을 종결지은 협약으로 1479년 9월 4일 체결되었다. 이사벨라를 카스티야 왕국(스페인)의 왕으로 인정하는 대신에 대서양에서의 포르투갈의 우위를 용인하였다.
13) The Bull Aeterni Regis (Sixtus Ⅳ), June 21, 1481. in Davenport, op. cit., pp. 49-55.

카를로스 5세의 명을 받은 가르시아 조프리 데 로아이사(García Jofre de Loaísa)가 1526년 몰루카제도의 티도레(Tidore)에 요새를 건설함으로써 스페인과 포르투갈의 충돌이 불가피하였다.

한편 1524년부터 스페인과 포르투갈은 천문학자, 해도전문가, 수학자 및 항해사로 구성된 조사단을 파견하여 토르데시야스 조약에서 책정한 자오선의 180도 되는 지점의 반대 자오선을 실측하고 있었다. 그런데 1529년 확정된 동쪽의 경계는 몰루카제도 오른쪽 297.5리그인데, 이는 토르데시야스 조약에서 책정한 자오선으로부터 정확한 180도가 아니었다. 자오선으로부터 포르투갈은 191도, 스페인은 169도로 현안인 몰루카제도가 포르투갈 관할권으로 확정되었다.[14]

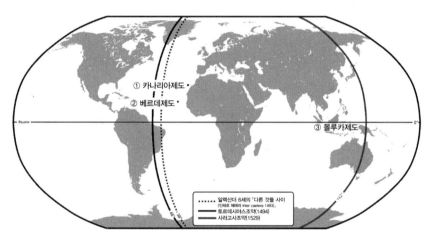

〈지도 1〉 스페인과 포르투갈의 대양의 분할과 그 경계선의 획정

몰루카제도가 포르투갈의 관할권으로 획정된 데는 몇 가지 이유가 있었다. 먼저 포르투갈은 1512년부터 1528년까지 여러 번에 걸쳐 몰루카

---

14) "Treaty between Spain and Portugal concluded at Saragosa", April 17, 1529. Davenport, op. cit., pp. 146-148.

일대를 탐험 원정하였고, 몰루카제도 인근의 서태평양의 파푸아 뉴기니와 캐롤라인제도를 발견하였다. 둘째 스페인은 몰루카제도의 특산물인 육두구와 정향을 운송할 능력이 없었다. 1565년 마닐라-아카풀코 항로 개척 이전, 스페인은 포르투갈과는 달리 유럽이나 아메리카로 향신료를 운송할 해운 루트를 확보하지 못한 상황이었다. 셋째 스페인은 유럽에서 프랑스와 전쟁 중이었다. 전비 마련이 시급했던 카를로스 5세는 몰루카제도를 양보하고 포르투갈로부터 35만 두카트[15]를 받는 데 동의하였다. 넷째, 1525년 포르투갈의 주앙 3세는 카를로스 5세의 여동생과 결혼하였고 이듬해 카를로스 5세는 주앙 3세의 여동생과 결혼함으로써 양국 사이에는 무력보다는 평화적인 해결책이 우선시되었다.

한편 사라고사 조약에서는 포르투갈의 경계 안에 있는 필리핀 소유 내지 관할을 명확하게 언급하지 않았다. 1542년 카를로스 5세는 사라고사 조약의 경계 서쪽이지만 향신료 산지가 아니기 때문에 필리핀의 식민에 대해 포르투갈의 반대가 없을 것으로 판단하고 멕시코에서 필리핀에 이르는 비야로보스(Ruy López de Villalobos) 원정대를 파견하였으나 실패하였다. 1565년 카를로스 5세의 후계자인 펠리페 2세 치세에 미구엘 로페즈 드 레가스피(Miguel Lopez de Legazpi) 원정대가 필리핀에 도착했으며, 멕시코시티에 본부를 둔 뉴스페인 총독이 관할하는 최서단 영토가 될 필리핀에 스페인의 식민이 시작되었다. 이때부터 태평양을 횡단하여 마닐라와 아카풀코를 정기적으로 운항하는 갈레온 무역은 1년에 1번 내지 2번 주기로 진행되었다.

---

15) 당시 후추 1kg은 인도에서 3 두카트에 거래되었던 바, 35만 두카트는 약 11만 7,000kg을 구입할 수 있는 거액이다. 후추는 유럽으로 이동되면 40배로 가치가 뛰었다. 본서 5장 참조.

3. 자유해 담론

폐쇄해 정책에 근거한 15-16세기 포르투갈의 인도양 및 태평양 서쪽에서의 교역 독점권은 17세기에 이르면 네덜란드의 도전에 직면하였다. 포르투갈에 비해 약 1세기 늦은 1596년에 네덜란드는 동인도에 도착하였으며, 1598년 모리셔스 섬에 전진기지를 건설하였다. 4년 뒤 네덜란드는 동인도회사를 설립하고 몰루카제도로 진출하여 동인도제도의 주민들과 교역을 시도하였다. 이리하여 네덜란드 동인도회사의 선박들은 동인도제도에서 교역에 참여하고 있던 포르투갈 선박들과의 다툼이 불가피하였다. 포르투갈 선박들은 이 해역에서의 관할권을 근거로 네덜란드 선박들의 교역을 배제하려고 하였기 때문이다. 포르투갈의 기득권에 대한 네덜란드의 도발을 상징하는 사건이 앞서 언급한 1603년 네덜란드 동인도회사의 포르투갈 상선 산타카타리나 호의 나포였다.

그로티우스는 네덜란드 동인도회사의 요청으로 말라카해협에서 나포한 포르투갈의 산타카타리나 호 나포와 그 전리품 소유의 정당성을 변론한 『전리품에 관한 법』을 1604년-1605년 겨울에 저술하였다. 그런데 앤트워프 협정 체결을 위한 준비과정에서 네덜란드 동인도회사는 동인도무역과 관련하여 스페인과 포르투갈의 '폐쇄해' 정책의 부당성을 논하는 논리 개발을 추가로 그로티우스에게 요구한 것으로 보인다.[16] 1607년부터의 협상 과정에서 참조한 보고서가 『전리품에 관한 법』의 일부(12장)를 가다듬은 『자유해』였다. 『자유해』는 단순한 철학적 학술적 논고가 아니라 실제 송

---

16) 1607-1609년 네덜란드 협상대표는 포르투갈 대표에게 동인도 교역에 관해 세 가지 협상안을 제시하고 합의를 도출하였다. 그 골자는 스페인제국이 통치하는 해외 영토에서의 교역은 스페인 왕으로부터 인가를 받아야 한다는 것과 스페인제국의 식민지 이외의 영토에서는 원주민의 허락이 있으면 자유롭게 교역할 수 있다는 것이다. "Truce between Spain and the United Netherlands, concluded at Antwerp, April 9, 1609," pp. 258-263.

사와 외교적 협상을 위한 실무 용역의 결과물이었다. 이 점은 저술 의도에서 명확히 알 수 있다.

나의 집필 의도는 네덜란드인들, 즉 네덜란드 연방의 신민들은 그들이 현재 누리고 있는 것처럼 동인도제도로 항해하여, 그곳 사람들과 통상을 할 권리가 있다는 사실을 간결하고 명료하게 증명하는 일이다. 나는 제1의 법, 제1의 원칙이라 불리는 만민법의 구체적이고 의심의 여지없는 공리를 내 주장의 토대로 삼을 것이다. 모든 국민은 다른 국민이 있는 곳으로 자유롭게 항해하고, 그들과 자유롭게 교역할 수 있다.[17]

이와 같이 『자유해』의 요지는 크게 두 가지, 즉 자유 항해와 교역의 자유이다. 하나는 국제법인 만민법에 의하면, 모든 사람들은 항해의 자유를 가진다. 왜냐하면 포르투갈인들은 발견, 교황의 증여, 전쟁에 의한 권리를 근거로 동인도제도에 대한 주권을 가질 수 없기 때문이다. 또한 포르투갈인들은 점령에 의한 권리, 교황의 증여, 시효(praescriptionis)나 관습을 근거로 바다를 소유하거나 항해 권리를 독점할 수 없기 때문이다. 둘째 만민법에 의해, 모든 사람들은 상거래의 자유를 가진다. 왜냐하면 포르투갈인들은 점유, 교황의 증여, 시효나 관습을 근거로 동인도제도의 사람들과 상거래의 권한을 독점할 수 없기 때문이다. 포르투갈인들의 통상금지는 공정성의 근거가 없다. 그러므로 네덜란드인들은 평화, 전쟁, 휴전 시에도 동인도제도로 자유롭게 항해하고 그 사람들과 통상의 권리를 가진다.

책명에서 명시하듯 '바다에서 항해의 자유 또는 네덜란드인들의 동인도 교역에 참여할 권리'는 바다는 국가나 개인의 소유가 될 수 없는 만인의 공유물이기 때문이다.

---

17) 이 책의, 1장, 17쪽.

만민법에 의하면, '공적인 것'은 만인의 공유물이며 특정 개인의 사적인 소유물이 아닌 것을 말한다. 공기는 두 가지 이유에서 이런 종류의 공유물에 속한다. 첫째 공기는 점유할 수 없기 때문이고, 또 하나의 이유는 만인을 위해 사용되도록 정해져 있기 때문이다. 이와 같은 동일한 이유에서 바다도 만인의 공유물이다. 왜냐하면 바다는 무한하기 때문에 어떤 개인의 소유가 될 수 없고, 바다는 항해나 어로의 어느 쪽을 주목해도 만인의 사용에 어울리기 때문이다.[18]

1625년 포르투갈의 신부 세라핌 드 프레이타스(Serafim de Freitas)는 『포르투갈 아시아 제국의 정당한 권리에 관하여(De Iusto Imperio Lusitanorum Asiatico)』에서 그로티우스의 주장을 조목조목 반박하면서 포르투갈의 아시아 인도양과 태평양에서의 교역독점권과 관할권의 정당성을 주장하였다.[19] 그러나 프레이타스 신부의 주장은 논리적으로도 현실적으로도 그다지 호소력이 없었다. 17세기 국제정세가 폐쇄해 정책보다는 자유 항해와 통상 자유를 요구하고 있었고, 해상교역 발달의 필수적인 조건으로 자유해 담론을 대세로 받아들이고 있었다. 실제로 포르투갈의 아시아에서의 바다 공간에 대한 관할권과 교역독점권은 네덜란드와 영국에 의해 도전받았다. 1600년 영국 동인도회사의 설립이 주로 인도양에서 포르투갈의 관할권을 위협하였다면 1602년 네덜란드 동인도 회사의 설립은 인도양 너머 태평양 서쪽 해역에서 포르투갈의 폐쇄해 담론을 무력화하기 시작하였다.

1609년 네덜란드는 히라도와 나가사키로 진출하였으며 1611년부터는 희망봉을 돌아 노호하는 40도대(roaring forties) 아래로 항해하여 자카르

---

18) 이 책의, 5장, 45쪽.
19) Charles Henry Alexandrowicz, "Freitas Versus Grotius." The Law of Nations in Global History. Oxford University Press, Oxford, 2017, pp. 121-139.

타로 가는 항로를 개척하였다. 1619년에는 자카르타에 네덜란드 동인도 회사의 거점인 바타비아를 건설하여 향신료 무역의 우위를 확보하였다. 이어 1639년부터 네덜란드는 포르투갈을 대신하여 일본과의 교역을 독점하였다.[20] 같은 해에, 마테이스 쿠오스(Matthijs Quast)와 아벨 타스만(Abel Tasman)은 중국, 태국, 일본과 미지의 태평양 도서를 탐사하였고, 1643년 마텐 게리츠 브리스(Maarten Gerritsz Vries)는 사할린과 쿠릴열도를 탐사하고 지도로 작성하였다. 〈지도 2〉는 인도양 태평양에서의 교역 주도권이 포르투갈에서 네덜란드로 대체되어 갔다는 것을 보여준다.

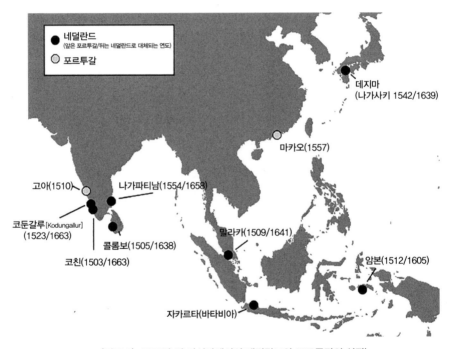

〈지도 2〉 1665년 경 아시아에서의 네덜란드와 포르투갈의 상관〉

1609년 이래, 네덜란드는 자카르타(1619), 데지마(1639)의 교역 거점을 축으로 아시아의 교역에서 포르투갈을 대체하여 갔다.

---

20) 자세한 내용은 이 책에 실린 이수열, 「동아시아해역의 네덜란드 동인도회사」 참조.

4. 공해와 영해

네덜란드는 해양에서의 자유 정책을 유지하였으며, 특히 산타카타리나 호 나포와 같이 이베리아 국가들이 주장한 관련 규칙을 어길 때 숭상했던 담론이었다. 1608년 네덜란드의 여러 주들은 항해의 자유를 지지하는 결의안을 통과시켰고, 이어서 네덜란드 의회가 유사한 결의안을 통과시키도록 압박하였으며, 1645년 의회는 이를 승인하게 된다. 폐쇄해 담론에 상반되는, 자유해 담론은 그로티우스에 의하여 처음으로 지구적 차원에서 소개되었다. 그로티우스의 '자유해' 담론은 토르데시야스 및 사라고사 조약에 명시된 이베리아 국가들의 바다 공간에 대한 관할권과 소유권을 부정하는 자유 항해권과 자유교역을 주장하였지만, 출간 직후에 영해(territorial sea) 책정 문제로 잉글랜드의 의구심을 샀다.

일찍이 엘리자베스 1세는 잉글랜드와 아일랜드를 둘러싼 해역에 대하여 왕의 '재판권(imperium)'을 주장했으나, '소유권(dominium)'을 주장하지는 않았다. 그런데 스코틀랜드에서, 왕은 바다 공간에 대한 재판권과 소유권을 모두 주장하였다. 이러한 소유권에 근거하여, 제임스 1세는 잉글랜드 근처의 해역을 폐쇄하였을 뿐만 아니라, 1609년 네덜란드 어부들이 스피츠베르겐(Spitzbergen) 섬 주변의 북쪽 해역에서 조업하는 것을 금하였다. 찰스 1세는 바다 공간에 대해 소유권을 주장했던 그의 부왕의 정책을 계속 견지하였고, 그러한 권리를 북미 대륙의 연해에 이르는 서쪽으로 확장하여 주장하였다.[21]

그러므로 그로티우스의 자유해 담론에 대한 가장 유명한 논리적 반박이 잉글랜드의 이론가 존 셀던(John Seldon)으로부터 나왔다는 것은 전혀 놀라운 일이 아니다. 그는 스페인과 포르투갈의 주장처럼 닫힌 바다의 적

---

21) Mancke, op. cit., p. 158.

법성을 주장하였다. 만약 그로티우스의 『자유해』의 주장이 타당하다면, 잉글랜드가 자국의 남쪽과 동쪽에서의 공해에 대한 잉글랜드의 주장과 북쪽과 서쪽으로의 경계가 확정되지 않은 공해에 대한 잉글랜드의 주장에 대해서도 왕의 소유권을 부정하는 동일한 논리가 적용될 것이었다. 그래서 잉글랜드는 1617년에 셀던으로 하여금 『폐쇄해 혹은 바다의 소유(Mare clausum seu De Dominio Maris)』를 저술하게 하였으며, 1635년에 출간되었다.[22]

셀던의 '폐쇄해'의 핵심 논지는 두 가지이다. 하나는 자연법 혹은 만민법에 의하면, 그로티우스의 주장과 달리, 바다는 만인에게 공유되는 것이 아니라 토지나 부동산처럼 사적으로 소유할 수 있다. 둘째, 브리튼의 왕은 영 제국과 분리 불가능한 영속적인 부속물인 바다의 주군이다.[23] 셀던의 주장에 근거하여, 잉글랜드는 먼저 스튜어트 왕조의 정책의 정당성, 그 뒤엔 영연방 정책의 정당성을 마련할 수 있었다. 그러나 1689년의 명예혁명과 엘리자베스 2세와 그녀의 남편 네덜란드 총독 윌리엄 공의 즉위를 계기로 영국은 해양에서의 자유 정책으로 회귀하였다.

셀던의 폐쇄해는 이베리아 국가들의 폐쇄해 담론과는 달리 대양이 아니라 연안에 대한 관할권, 영해에 관한 것이었다. 셀던의 논지를 계승하여 1702년 네덜란드의 코르넬리우스 빈케르슈크(Cornelius Bynkershoek)는 『해양주권론(De dominio maris)』에서 3해리 영해를 주장하였다.[24] 바다 공간을 둘러싼 스페인, 포르투갈, 네덜란드, 잉글랜드 등 열강들의 경

---

22) John. Selden(trans. by Marchamont Nedham), Of the Dominion or Ownership of the Sea, Repressed Publishing, Utah. 2013.
23) Scott, op. cit., p. iv.
24) Coleman Phillipson, "Cornelius van Bykershoek" In Macdonell, John; Manson, Edward William Donoghue. (eds.), Great Jurists of the World. John Murray, London, 2013, pp. 400-401. at https://archive.org/details/in.ernet.dli.2015.13326/page/n431/mode/2up

쟁은 탐험, 불법적인 교역, 사략선 지원, 외교적 협상과 담론 등의 방식으로 다양하게 전개되었다. 그로티우스의『자유해』를 번역·소개하면서, 필자는 바다 공간을 둘러싼 경쟁의 다양한 요인 중 외교적 협상과 담론 경쟁이 무엇보다도 중요하다는 것을 다시 한 번 확인할 수 있었다.

　폐쇄해 및 자유해 담론은 특정 국가가 바다 공간에 대해 관할권 내지 소유권을 주장할 수 있는가 여부와 영해를 어느 정도까지 인정할 수 있는가에 대한 외교적, 정치적, 법률적 논쟁으로 이어졌다. 그로티우스가 토대를 제공한 항해와 교역의 자유와 실효적 지배를 기준으로 한 소유권 인정의 원칙은 영해를 최소화(3해리)하면서 20세기 중반까지 유지되었다. 그런데 20세기 들어 대양 밑의 다양한 자원과 에너지 발견과 개발이 현안이 되면서 12해리 영해, 12해리 전관수역, 200해리의 배타적 경제 수역을 수용하는 국제적 합의가 도출된다.

보론

동아시아해역의 네덜란드 동인도회사

이수열

1. 1639년의 에도 성(江戸城)

1639년 4월 20일 도쿠가와 막부의 최고 정책 심의 기관인 평정소(評定所)에서 일본의 향후 대외 정책을 둘러싸고 중요한 회의가 개최되었다. 일본 측 참가자를 보면 당시 막부 정치를 총괄하던 대로(大老) 사카이 다다카쓰(酒井忠勝) 이하 각로(閣老) 전원이 한자리에 모였고, 현지 무역 사정에 밝은 히라도(平戸)의 봉행(奉行)도 배석했다. 네덜란드 동인도회사 쪽에서는 히라도 상관장 프랑수아 카롱(Francois Caron)이 참석했다. 카롱이 참석한 데에는 그가 그해 2월에 막 상관장이 된 이유도 있었지만 20년 가까이 일본에 체재한 경험과 유창한 일본어 능력이 회의를 성공적으로 이끌 것이라는 기대감도 작용했다.

양측 사이에는 카롱이 그리거나 준비한 갖가지 세계지도와 해도가 놓여 있었는데, 일본 측 참가자들은 해도의 정확성에 감탄했다. 회의는 주로 사카이가 묻고 카롱이 대답하는 형식으로 진행되었다.

먼저 사카이는 네덜란드의 일본 내항을 포르투갈이나 스페인이 방해할 가능성을 물었다. 이에 카롱은 네덜란드는 해상뿐만 아니라 육상에서도 스페인을 압도하고 있다며 그 한 예로 네덜란드가 고아를 봉쇄했다고 과장되게 대답했다.

이어서 네덜란드가 포르투갈처럼 일본에 생사, 견직물, 약종 등을 공급할 수 있느냐는 질문이 있었다. 카롱은 이에 대해 중국과의 교역이 가능해진 네덜란드의 무역은 매년 증가하고 있고, 또 포르투갈을 추방하면 중국선도 지금 이상으로 늘어날 것이라고 답했다.

사카이는 마지막으로 만약 일본이 직접 배를 파견할 경우 포르투갈이 주인선(朱印船)을 공격할 가능성에 대해 물었다. 카롱은 이 질문에 대해서 준비한 지도와 해도를 사용하며 상세하게 설명했는데, 그것은 '타이완 이북의 중국 연안에서는 공격을 받을 가능성이 없지만, 중국 당국이 예전부터 일본인에게 적대적이기 때문에 상륙이 불가능할 것이다. 그렇기 때문에 일본선은 중국 연안을 통과해 인도차이나 반도의 각지로 갈 수밖에 없는데, 그럴 경우 포르투갈은 자신들이 추방을 당하면 아무 거리낌 없이 주인선을 공격할 것'이라는 내용의 답변이었다. 카롱의 진술을 들은 사카이는 '우리는 다른 나라 사람의 봉사를 받을 수 있는 한 일본선을 국외로 도항시킬 필요가 없다. 나는 이 일을 기회를 보아 숙려하여 적절한 시기에 쇼군에게 제안할 것'이라고 발언했다.

대략 두 시간 정도 진행된 회의를 끝내고 대기실에 머물고 있던 카롱은 15분 뒤 숙소로 돌아가도 좋다는 연락을 받고 성을 나왔다.[1]

평정소의 회의에서 일본 측의 관심은 네덜란드가 과연 포르투갈을 대체할 수 있느냐는 점에 집중되었다. 1571년 이래 지속되고 있던 포르투갈의 마카오-나가사키 무역은 일본산 은과 중국 상품, 그 중에서도 특히 생사를 교환하는 내용의 교역이었는데, 그것은 당시 동아시아해역에서 가장

---

1) 永積洋子, 『近世初期の外交』, 創文社, 1990, 83-86쪽.

이익을 많이 내는 무역 중 하나였다. 하지만 무역과 포교를 일체화시킨 포르투갈의 크리스트교 선교 활동은 일본의 통일권력에게 잠재적 위협으로 비쳐졌고, 실제로 도쿠가와 막부는 1637년에 일어난 시마바라(島原)의 난을 안정기에 접어든 정권에 정면으로 도전하는 기리시탄(切支丹, 吉利支丹) 세력의 반란으로 받아들였다. 여기에, 비록 도요토미 히데요시의 잔당 세력을 일소했다고는 해도 포르투갈의 무역이 히데요시의 비호 아래 시작되었고 또 오랜 과정을 거치면서 다양한 이익 집단이 관여하고 있는 점도 중국 무역 독점을 노리는 도쿠가와 막부의 입장에서는 신경이 쓰이는 부분이었다. 이에 막부는 주인선 파견이 야기할 수 있는 외교적 마찰을 회피하고 국내 종교 문제를 해결하기 위해 포르투갈을 대신하는 존재로 네덜란드를 염두에 두기 시작했던 것이다. 1639년의 에도 성의 회의는 네덜란드 동인도회사가 일본의 권력자들 앞에서 행한 일종의 '기업설명회'와 같은 것이었다.

이후 상황은 일사천리로 진행되었다. 도쿠가와 막부 제3대 쇼군 이에미쓰(家光)는 1639년 7월 5일자 봉서(奉書)를 통해 포르투갈인의 내항 금지, 내항한 외국선의 나가사키 회항, 그리고 연안 경비 체제 구축을 명령했다. 70여 년간 계속된 포르투갈의 마카오–나가사키 무역은 막을 내리고, 나가사키에는 중국선과 네덜란드선만이 입항할 수 있게 되었다. 곧이어 네덜란드는 히라도 상관을 철거하고 1641년부터 나가사키에 만들어진 부채꼴 모양의 인공 섬 데지마(出島)에 거주하기 시작했다.

포르투갈을 뒤를 좇아 아시아해역에 모습을 드러낸 네덜란드가 일본에 관심을 갖기 시작한 것은 17세기에 들어서부터였다. 로테르담의 상사가 파견한 선단 중 하나였던 리프더(Liefde) 호가 분고(豊後, 현재의 오이타현)에 표착한 것이 1600년, 그 뒤 네덜란드 동인도회사 선박 2척이 나가사키에 입항한 후 히라도로 회항해 최종적으로는 도쿠가와 이에야스로부터 주인장(朱印狀)을 받게 되는 것이 1609년의 일이었다.

그러나 당시의 최고 권력자로부터 무역허가서를 받고서도 네덜란드의 교역 활동은 결코 순탄하지 못했다. 그 이유는 17세기 초 히라도 상관이 무역 거점이라기보다 군사기지로서 의의가 더 컸다는 요인도 있었지만, 그 이전에 네덜란드가 일본에 들여올 상품을 구입하는 루트를 확보하지 못하고 있었기 때문이다. 중국인 해상에게 선금을 주고 상품을 구할 수도 있었지만 현지 사정에 어두운 네덜란드인들은 사기의 대상이 되기 일쑤였다. 남은 방법은 동아시아해역을 오가는 중국선이나 포르투갈선을 나포하여 그 포획물을 들여오는 것이었는데, 그로 인해 네덜란드는 일본 당국으로부터 온갖 비난을 감수해야 했다. 히라도 상관이 무역 기능을 발휘하고 네덜란드인이 '해적'에서 '상인'으로 변하는 데는 1620년대 타이완 상관의 설치가 전기가 되었다.

그랬던 네덜란드 동인도회사가 도쿠가와 막부의 결단으로 바타비아-타이완-나가사키를 축으로 하는 아시아해역의 교역 라인을 구축하기에 이른 것이다. 네덜란드에게 포르투갈의 추방은 일본의 자발적인 주인선 무역 철수에 이어 가장 강력한 경쟁자의 소멸을 의미했다. 이제 남은 경쟁자는 중국인 해상뿐이었다. 추방 소식을 전해 듣고 바타비아에서 축하연이 벌어졌다는 후일담은 네덜란드 동인도회사의 동아시아 진출의 역사에서 1639년이 하나의 전환점이 되었다는 것을 말해준다. 그로티우스가 『자유해』를 출판하고 30년이 지난 시점이었다.

그렇다고 네덜란드 동인도회사의 동아시아 교역이 그 뒤 만범순풍의 길을 걸었던 것은 아니다. 명청교체의 과정 속에서 타이완 상관을 상실했고, 일본 무역도 날이 갈수록 규모가 줄어들었다. 그럼에도 불구하고 나가사키를 거점으로 하는 동아시아 무역이 네덜란드 본국의 '황금의 17세기'의 한 축을 담당하고 있었던 것도 틀림없는 사실이다.

지금까지 네덜란드 동인도회사에 관해서는 주경철의 일련의 작품[2]을 통해 많은 사실이 알려지게 되었다. 이 글에서는 선행 연구에서 소략하게 서술된 경향이 있는 동아시아해역을 중심으로 네덜란드 동인도회사의 활동을 살펴보고자 한다. 이하에서는 먼저 네덜란드가 아시아에 모습을 드러내기 이전의 동아시아해역 상황을 개관한 뒤, 1639년 바타비아-타이완-나가사키 라인을 구축하기까지의 역사 과정을 이야기하고, 마지막으로 그 뒤의 전개에 대해 서술한다.

2. 동아시아해역의 16세기[3]

1) 은 시대의 개막

네덜란드 동인도회사가 아시아에 진출하기 시작했을 무렵 동아시아해역에서는 16세기 이래의 '상업의 시대'가 끝나가고 있었다. 16세기를 거치면서 만들어진 강력한 상업-군사집단으로서의 근세 국가는 해역을 주름잡던 해상 세력을 통제하기 시작했고, 그 결과 동아시아해역은 다시 '국가의 바다'로 회귀해갔다.

상업의 시대가 도래하기 이전 동아시아의 국제질서는 명조의 해금-조공체제에 의해 유지되고 있었다. 조공질서란 문화의 중심인 중국과 문화가 열등한 주변 국가 사이를 상하관계 또는 군신관계에 빗대어 서열화하는 광역 질서로, 중화와 외이(外夷)를 구별하는 주자학 이념에 근거하고 있었다. 여기에 해금정책을 조합한 해금-조공체제란, 간단히 이야기하면 민간인의 해외 무역(互市)을 금지하고 조공국과 명조와의 국영무역(貢市)만을

---

2) 주경철, 『네덜란드: 튤립의 땅, 모든 자유가 당당한 나라』, 산처럼, 2002 ; 주경철, 『대항해시대: 해상 팽창과 근대 세계의 형성』, 서울대학교출판문화원, 2008 등.
3) 이 장은 이수열, 「16세기 동아시아해역의 군수물자 유통: 일본열도와 왜구」, 『한일관계사연구』 71, 2021의 일부를 가져와 수정, 가필한 것이다.

인정하는 외교·경제시스템이었다.

그러나 이 체제는 그때까지 이동과 통상으로 연결되어 있던 광역적 네트워크로서의 유라시아세계에서 중국 중심의 '닫힌 세계'를 분리시키는 중국 역사상 특이한 제도였다. 또 모든 무역을 공시로 한정하는 일은 당시 중국사회의 경제적 발전과 무역 욕구에 도저히 대응할 수 없는 것이기도 했다. 이후 해금-조공체제는 시대가 흐를수록 내부적 모순에 의해 점차 붕괴되어 갔는데, 마침 일본열도에서 산출되기 시작한 대량의 은이 여기에 박차를 가했다.

하카타(博多) 상인 가미야 주테이(神屋壽禎)가 이와미(石見) 은 광산을 발견한 것은 1526년의 일이었다. 이후 1533년 조선에서 연은분리법(灰吹法)이 도입되면서 일본의 은 생산량은 폭발적으로 늘어났다. 일본 은이 관무역품으로 조선에 들어오기 시작한 것도 이 무렵의 일로, 그 양은 1538년 5,040냥, 1542년에는 80,000냥에 이를 정도였다. 그 사이 조선의 은 가격은 8분의 1 수준으로 하락했고, 서울과 각 지역에서는 마치 면포를 사고팔듯 은을 거래했다고 한다. 일본 은의 대량 유입은 밀무역 폭증을 가져왔고, 은 유출 금지를 통해 대명 밀무역 근절을 추구했던 조선의 정책에 혼란을 초래했다.[4] 그때까지 동아시아 바다의 변방에 머물고 있던 소국 일본이 세계 무역의 초점이 된 이유는 오롯이 이 은에 기인하고 있었다.

일본 은은 아시아해역의 물자와 사람의 흐름을 바꿔놓는 계기가 되었다. 당시 동아시아해역에서는 인도, 동남아시아의 물산과 중국산 견직물, 도자기 등이 복건(福建)의 월항(月港)을 중심으로 거래되는 남북 간 교역이 주류를 형성하고 있었다. 간혹 일본과 중국 사이를 오가는 견명선(遣明船)이 있었지만 일본의 주된 무역 루트 또한 한반도를 통한 남북 간 교

---

4) 일본 은의 조선 유입에 관해서는 구도영, 『16세기 한중무역 연구: 혼돈의 동아시아, 예의의 나라 조선의 대명무역』, 태학사, 2018.

역이 중심이었다. 그러나 은 시대의 본격적인 개막은 남북 간 교역에 더해 동서 간의 흐름을 본격화시켰다. 1540년부터 조선 연안에 출현하기 시작한 황당선(荒唐船)은 그러한 사람과 물자의 동서 간 이동이 낳은 현상 중 하나였다. 당시 은이 중국으로 흘러들어간 이유가 강남(江南)지역의 상품 경제 발전, 변경 지대의 '상업 붐' 등으로 인해 중국 국내 은 수요가 높아졌기 때문이라는 사실은 여러 연구가 지적하는 바와 같다.

은 시대의 개막은 지구 뒤편에서도 진행되고 있었다. 1566년부터 실용화된 수은 아말감법으로 포토시 은광의 은 생산량이 급증했다. 스페인이 아시아 무역의 거점으로 마닐라를 건설하기 시작한 것은 1571년의 일이었다. 그 뒤 은은 마치 문을 두드리고 돌아다니는 '근대의 사자(使者)'처럼 세계를 순환하며 각 지역 사회를 변화시켜갔다. 16세기에 들어 다시 창궐한 왜구는 지구적 차원의 은 순환과 일본열도의 은 생산량의 폭발적인 증가 속에서 생겨나 성장해간 밀무역 집단 가운데 하나였다.

1543년 포르투갈 세력이 중국인 밀무역상과 함께 규슈(九州) 남단의 섬 다네가시마(種子島)에 도착해 조총을 전한 것은 비약적인 은 생산량의 증가로 인해 일본열도 서부 지역이 동아시아해역의 주요 무역 거점의 하나가 되었기 때문이다. 이후 규슈 전역에는 중국선, 포르투갈선 등이 본격적으로 입항했고, 쌍서(雙嶼) 함락 뒤 거점을 일본으로 옮긴 중국인 밀무역상에 의해 당인정(唐人町)이 생겨나기 시작했다. 후일 일본으로 끌려간 강항(姜沆)이 "당선(唐船)과 유구(琉球)·남만(南灣)·여송(呂宋) 등지의 상선의 왕래가 끊이지 않는다"고 한 히젠(肥前)이나, "저자 거리는 거의 반이 중국 사람들이요, 당선(唐船)·밀선(密船)이 쉴 새 없이 들락거리며 묵는다"[5]고 묘사한 사쓰마(薩摩)의 풍경은 은으로 들끓는 규슈의 항구와 당인 정의 모습을 전해주는 증언이다.

---

5) 이을호, 『국역 간양록』, 한국학술정보, 2015, 87-88쪽.

포르투갈 세력이 처음 아시아해역에 진출한 것은 시기를 거슬러 올라가 15세기 말, 16세기 초였다. 1510년 고아를 점령한 포르투갈은 다음해 말라카를 정복함으로써 중국 시장 진출을 위한 교두보를 마련하는 데 성공했다. 그러나 결과적으로 포르투갈의 중국 진출은 둔문(屯門)해전(1521-1522)의 발발로 실패하게 된다. 중국과의 합법 무역이 불가능해진 포르투갈은 그 뒤 중국인 밀무역 세력과 연대하여 쌍서로 진출했다. 복건 출신의 등료(鄧獠)가 포르투갈인을 유인하여 쌍서에 밀무역 시장을 연 것이 1526년, 허(許)씨 형제가 그들을 말라카에서 불러들여 교역하기 시작한 것이 1540년의 일이었다. 얼마 뒤 일본에 조총을 전하는 포르투갈선에 동승하고, 고토(五島)열도와 히라도에 밀무역 거점을 구축하게 되는 왕직(王直)이 광동(廣東)에서 거선을 만들어 초석, 유황, 생사, 면 등의 금수품을 일본, 시암, 동남아시아 등지에 내다판 것도 1540년의 일이었다.

이처럼 은 시대의 개막은 동아시아해역의 물류와 인류를 크게 바꿔놓았는데, 그 중심에는 중국인 밀무역상인, 왜구 세력, 포르투갈인 등이 있었다. 황당선 보고에 보이는 "붉은 수건으로 머리를 싸매기도 하고 비단으로 옷을 만들어 입기도 한 이상한 복장의 사람"[6]들은 당시 동아시아해역을 오가던 밀무역 선박의 다민족 구성을 말해주는 사례이다.

2) 해금-조공체제의 재편

왕직은 16세기 동아시아해역의 상업의 시대를 상징하는 인물이었다. 그는 아유타야, 말라카, 다네가시마, 히라도, 하카타, 광동, 쌍서 등 남중국해와 동중국해 전역에 걸쳐 밀무역 활동을 전개하고 있었다. 거래하는 상품도 향신료, 견직물, 생사, 면, 도자기와 같은 민간 수요품에서 유황,

---

6) 『중종실록』 104권, 중종 39년(1544) 7월 5일 임인.

초석, 철, 납과 같은 군수물자, 그리고 서구식 화기에 이르기까지 다양했다.

왕직이 밀무역에 가담한지 5,6년 만에 거부가 되었다는 사실에서 알 수 있듯이 국법을 어기고 이루어지는 밀무역은 당시 커다란 이익을 가져다주는 비즈니스였다. 특히 일본은 다른 지역보다 더 큰 수익을 기대할 수 있었는데, 그 이유는 전국(戰國)시대 하 일본에서 군수품 수요가 많았기 때문이다. 이런 이유로 복건이나 절강(浙江)의 중국인들도 이 밀무역에 가담했다. 16세기 왜구가 '일본인(眞倭) 3할, 중국인(從倭) 7할' 혹은 '화이동체(華夷同體)'라고 이야기된 이유는 바로 여기에 있다.

그러나 민간인의 해외 무역을 금지하는 명조의 입장에서 보면 밀무역은 국법을 어긴 불법행위에 다름 아니었다. 1548년 명은 당시 동아시아해역 최대의 밀무역 센터로 기능하고 있던 쌍서를 공격했다. 이 작전으로 밀무역 세력은 생명을 잃거나 근거지를 옮겨야 했다. 왕직은 일시적으로 명조와 협력하여 쌍서에서 다른 세력을 쫓아내고 해상 세력의 우두머리가 되기도 했지만, 얼마 안 가 명군이 열항(烈港)을 공격함으로써 왕직과 명의 밀월관계는 끝나게 된다. 상황을 피해 고토열도를 거쳐 히라도로 피신한 왕직은 이후 전열을 가다듬어 중국 연안을 공격했다. 가정대왜구(嘉靖大倭寇)의 시작이다.

일본에서 은 생산량이 늘어난 뒤 규슈 지역 일대에 당인정이 만들어진 사실에 대해서는 이미 언급했다. 쌍서 함락은 여기에 박차를 가해 일본 동부 지역에도 중국인 거류지가 생겨날 정도였다. 당시 일본 전역에 당인정이 만들어진 이유는 그것이 지역 권력의 영역 발전과 이익을 가져다주었기 때문이다. 왕직이 머물렀던 히라도도 그 중 하나였는데, 당선(唐船, 중국선과 포르투갈선) 입항 후 히라도는 중국과 남만(南蠻, 포르투갈과 스페인)의 상품이 넘쳐나고 전국에서 상인들이 모여들어 마치 '서쪽의 교토'와 같았다고 한다.

시마즈(島津) 씨, 오우치(大內) 씨, 오토모(大友) 씨와 같은 다이묘들도 밀무역 세력을 끌어들였다. 그들은 중국인이나 포르투갈인으로부터 구입하거나 직접 왜구선을 파견하여 획득한 물자를 일본 국내 시장에 내다팔아 이익을 챙겼다. 그 중에서도 중국산 생사와 일본 은의 교환은 가장 큰 수익을 기대할 수 있는 무역이었다. 또 전쟁 중이던 일본에서는 군수품 수요도 높았다. 서구식 화포, 총탄 제조에 필요한 납, 병사의 옷이나 돛에 사용되는 면포, 그리고 화약의 원료가 되는, 그렇지만 일본에서는 산출되지 않는 초석은 매우 고가에 거래되는 상품들이었다. 당시 다이묘들 가운데는 크리스트교에 입신하는 사람도 많았는데, 개인적인 차이는 있겠지만, 이 또한 포르투갈 세력을 유인하여 중국 상품이나 군수품을 확보하기 위한 전략 중 하나였다.

이런 상황을 고려하면 왕직이 히라도에서 왕처럼 생활하며 300명이 탈수 있는 대선과 2,000명의 부하를 거느렸다는, 쓰시마(對馬)가 조선에 준 정보는 결코 과장이 아니었다. 영역 발전과 전쟁 수행을 위해 왜구 물자를 필요로 했던 일본의 지역 다이묘들과 쌍서 함락 후 그것을 대체할만한 근거지를 찾던 밀무역 세력의 이해관계는 완전히 일치하고 있었다.

상업의 시대 하에서 기능부전에 빠지게 된 명조의 해금-조공체제는 1557년 포르투갈의 마카오 거주를 허락한 것을 시작으로 서서히 완화되어갔다. 1560년대 말에는 중국인 해상의 동남아시아 도항이 허락되고, 1571년이 되면 몽골과의 조공무역도 재개되었다. 1571년에는 포르투갈의 마카오-나가사키 무역과 스페인의 마닐라 건설이 시작되었다. 이러한 일련의 과정을 거치면서 명조는 은 공급처를 기존의 일본에서 포르투갈과 스페인으로 서서히 대체해갔다. 홍성화가 정확하게 지적한 것처럼 명은 "관리하기 무척 어려운 일본인(왜구) 세력의 파트너로 역시 귀찮은 존재인 포르투갈을 선택·배치함으로써 해외 교섭으로 인한 모순과 알력을 본토로부터 분리"[7]시킨 것이었다. 중국과 일본 간의 국교 없는 교역 관계는 근대에 이르기까지 지속되었다.

한편 일본열도에서는 도요토미 히데요시가 규슈를 평정함으로써 통일 정권의 무역 독점 정책이 현실성을 띠게 되었다. 1588년에 발포된 해적금 지령은 그때까지 독자적으로 행동해온 해적들을 수군으로 편입시킴으로 써 중국-규슈·나가사키-세토나이카이(瀨戶內海)-오사카·교토 간의 물 자 수송을 안정화하여 통일정권 주도의 물류를 실현하는 데 그 목적이 있 었다. 은 시대의 개막과 함께 태어나 전국 내전 속에서 성장해간 16세기 일본열도의 왜구 세력은 해역 질서의 변화와 통일정권의 성립으로 점차 그 존재 기반을 잃어갔다.

16세기 동아시아해역에서는 전례가 없을 정도로 강한 무역 욕구가 팽 배해 있었다. 그 요인으로는 중국 강남 지역의 제조업 발전, 포르투갈과 스페인의 아시아해역 진출, 세계적 차원의 은 순환(여기에는 중국의 은 수 요 확대와 일본의 은 생산량 폭증이 함께 포함된다), 내전 하 일본열도의 중국 상품 수요 증가 등을 들 수 있다. 이러한 상황 속에서 왕직과 같은 해 상 세력이 등장했는데, 정성공(鄭成功)은 그 마지막을 장식한 인물이었다.

동아시아해역의 상업의 시대는 명의 쇠락과 여진의 대두, 도쿠가와 이 에야스 정권의 성립, 조선의 지배구조 재편 등으로 종언을 맞이하게 된다. 조선을 제외하고, 새로운 시대를 이끌어간 정권은 16세기를 통해 만들어 진 것이었다. 국제 상업을 이용해 거대한 부와 권력을 이룬 상업-군사집 단으로서의 근세 국가가 바로 그것인데, 청조와 일본의 통일정권은 그 대 표적인 세력이었다. 강력한 군사력으로 무장한 새로운 중앙정부는 해금과 쇄국 정책을 통해 다시금 바다를 관리하기 시작했다. 그 결과 동아시아해

---

7) 홍성화, 「16-17세기 포르투갈의 對동아시아 무역의 성쇠: 마카오를 중심으로」, 『역사와 경계』 105, 2017.

역은 16세기와는 전혀 다른 모습을 띠게 되었다.

3. 동아시아해역의 네덜란드 동인도회사

1) 네덜란드 동인도회사와 도쿠가와 막부

네덜란드의 아시아 진출은 유럽에서 포르투갈·스페인과의 대항관계를 그대로 옮겨오는 형태로 전개되었다. 펠리페 2세의 종교 탄압을 계기로 시작된 양 진영의 대립은 1581년 네덜란드 공화국 의회가 스페인 국왕의 폐위를 결의하고 이에 맞서 스페인이 오라녀 공 빌렘 1세를 암살하는 등, 격렬한 형태로 진행되었다. 네덜란드가 정식 국가로 인정받게 되는 것은 1648년의 베스트팔렌 조약에서였지만, 16세기가 끝나갈 무렵 북부 7개 주의 위트레흐트 동맹을 모태로 하는 네덜란드 공화국은 사실상의 독립국가로서 활동하고 있었다. 그러나 남부에서는 여전히 스페인-합스부르크가의 지배가 계속되었다. 이러한 유럽에서의 대립은 아시아해역에서도 재현되었다.[8]

1595년 코르넬리스 데 호우트만(Cornelis de Houtman)이 이끄는 4척의 선박이 암스테르담을 출발한 것이 네덜란드에 의한 최초의 아시아 항해였다. 이 항해는 오랜 시간과 많은 희생을 수반했지만, 자신감을 얻은 네덜란드는 이후 1602년까지 포르투갈을 능가하는 숫자의 배를 아시아로 보냈다. 직접 배를 파견하기 이전 네덜란드의 아시아 무역은 포르투갈을 통해 입수한 아시아 산물을 되파는 형태였다. 네덜란드에게 중요한 것은 여전히 전통적인 발트 해 무역이었고, 아시아 무역은 중개무역으로 족

---

8) 유럽에서의 두 진영의 대립은 이 책에 실린 정문수, 「바다 공간을 둘러싼 담론 경쟁」 참조.

했다.[9] 하지만 1580년 스페인이 포르투갈을 병합함으로써 상황은 변했다. 펠리페 2세가 네덜란드선의 리스본 기항을 금지하고 제재를 가하기 시작한 것이다.

아시아해역에 대한 네덜란드의 관심은 이러한 유럽의 정치 상황에서 비롯된 것이었다. 그래서 네덜란드는 철저하게 지난 100년 간 지속된 포르투갈의 독점과 무역 거점을 무너뜨리는 방식으로 아시아에 진출했다. 1602년에 설립된 연합동인도회사가 조약 체결, 교전권, 요새 구축과 같은 국가에 준하는 권력을 갖고 출발하게 된 이유도 포르투갈 세력 타파가 당면 목적이었기 때문이다.

일본에 온 최초의 네덜란드선이 1600년 분고에 표착한 리프더 호였다는 사실은 이미 이야기했다. 이 배는 2년 전 로테르담의 한 상사가 동양무역을 위해 파견한 5척의 선단 가운데 하나로, 마젤란해협과 태평양을 통과하면서 큰 손상을 입은 채 일본에 도착했다. 이 소식을 전해들은 도쿠가와 이에야스는 리프더 호 관계자와 회견을 요구했고, 곧이어 항해장 윌리엄 애덤스(William Adams)와 항해사 얀 요스텐(Jan Joosten)이 오사카로 가서 이에야스와 만났다. 회견에서 이에야스는 내항 이유와 유럽 사정에 관해 질문했고, 양인은 유럽에서 네덜란드와 스페인·포르투갈의 대립 등에 관해 진언했다. 이후 두 사람은 이에야스의 비호 아래 일본에 남아 외교 및 무역에 관한 조언가로서 활동했다. 얀 요스텐은 주인선 무역에 관여했고, 윌리엄 애덤스는 미우라 안진(三浦按針)이라는 일본식 이름을 갖고 에도 근처에 영지를 받아 생활했다.

그 뒤 동인도회사 선박이 나가사키에 입항하기까지 네덜란드와 일본의 접촉은 없었다. 그 동안 네덜란드 동인도회사는 중국 교역을 타진하기 위

---

9) 네덜란드의 상업 활동에서 발틱 무역과 아시아 무역이 갖는 위치에 관해서는 주경철, 『네덜란드』, 224-225쪽 ; 주경철, 『대항해시대』, 87쪽.

해 1604년 이후 몇 차례 광주(廣州)를 찾았지만 조공관계가 없다는 이유로 거절당했다. 당시 명조는 새롭게 진출한 유럽 세력에 대해 매우 부정적인 시각을 갖고 있었는데, 여기에는 아시아해역에 모습을 드러낸 지 불과 10년 만에 고아와 말라카를 지배하고 해역의 주인행세를 하던 포르투갈의 영향이 컸다.

명조와 포르투갈의 관계는 둔문해전을 거쳐 1552년 포르투갈의 왕실 함대가 광주로 가 주변 상황을 진정시킴으로써 어느 정도 안정되었다. 그렇다고 포르투갈에 대한 부정적인 시각이 사라진 것은 아니었다. 그들의 마카오 거주도 잠정적으로 인정되었을 뿐이었다. 사실 이런 점에서는 향료제도에 진출하면서 포르투갈 못지않게 폭력적인 행동을 보인 네덜란드 동인도회사도 차이가 없었다. 네덜란드의 교역 요구를 명조가 거절한 데에는 조공관계의 유무 이전에 유럽 세력에 대한 부정적인 인식이 작용했을 가능성이 크다.

한동안 접촉이 없었던 일본과의 교섭은 1609년 네덜란드 동인도회사선 2척이 나가사키에 입항함으로써 재개되었다. 이 배들은 말레이반도 동쪽 해안의 파타니를 출발하여 포르투갈선을 추적해온 것이었다. 그 후 히라도로 회항한 네덜란드인들은 영주 마쓰라 다카노부(松浦隆信)의 알선으로 동진하여 슨푸(駿府, 현재의 시즈오카 현)에서 이에야스와 접견했다. 이 자리에서 이에야스는 네덜란드선이 일본 어디에나 도항할 수 있는 권리와 무역의 자유를 보장하는 주인장을 교부했다. 최고 권력자의 허가를 받은 네덜란드 동인도회사는 곧바로 히라도에 상관을 설립하고 약스 스벡스(Jacques Specx)를 상관장에 임명했다.

이에야스는 네덜란드 동인도회사가, 그리고 얼마 뒤 영국 동인도회사가 일본에 상관을 열기로 했을 때, 그 후보지로 에도에서 가까운 우라가(浦賀, 지금의 가나가와 현 요코쓰카 시 주변)를 권유했다. 그러나 중국과의 거리나 제반 지리적 여건 등으로 히라도로 결정되었는데, 이에야스도 그런 이유를 받아들일 수밖에 없었다.

이에야스의 우라가에 대한 집착은 오래전부터의 일이었다. 1598년 법령을 어기고 포교활동을 계속한 프란시스코 회 선교사를 직접 만난 자리에서, 이에야스는 죽음을 각오한 상대에게 의외로 마닐라의 필리핀장관에게 루손을 출발해 멕시코로 가는 스페인선의 우라가 기항을 알선해줄 것을 의뢰했다. 앞에서 이야기한 리프더 호도 결국 우라가까지 회항한 뒤 배의 수명을 다하고 해체되었다. 스페인의 마닐라무역에 우라가를 개입시키려는 이에야스의 노력은 그 후로도 계속되었다.

종래의 연구는 이러한 이에야스의 외교를 통상입국 구상에 입각한 경제외교의 문맥에서 설명하는 경우가 많았다. 하지만 이는 도쿠가와 막부가 처한 국내 정치 상황을 경시한 표면적인 해석에 지나지 않는다. 당시 이에야스가 추구한 최대의 정치적 목표는 정권의 안정이었다. 세키가하라(關ヶ原) 전투에서 승리하여 에도에 막부를 열었다고는 하지만, 도요토미 히데요시의 잔당 세력은 분열되었을 뿐 온존한 상태였다. 그들은 또 히데요시 이래의 관계를 이용하여 포르투갈의 생사 무역에도 여전히 깊게 관여하고 있었다. 이때 우라가는 나가사키를 대체하지는 못해도 해외 무역의 서국(西國) 편중을 어느 정도 해소시킬 수 있는 장소로서 부상했던 것이다. 생사가 곧 현금이었던 시절, 생사 무역은 영역의 경제적 발전과 군사력 증강과 직결되는 문제였다. 도쿠가와 정권의 향배는 아직 불투명한 상태였다.

1603년 이에야스가 쇼군이 되자마자 나가사키 봉행을 교체하고 이듬해 포르투갈의 생사 무역에 독점구매(絲割符) 방식을 도입하거나 주인선 제도를 통해 해외 무역 독점을 시도한 것은 모두 히데요시 잔당 세력과 서국 다이묘들의 사적인 무역 활동을 억제하여 그 잠재적인 위협을 제거하기 위해서였다. 1600년 전후 이에야스가 네덜란드와 스페인과 접촉하고,

시암, 안남(安南), 캄보디아, 파타니 등에 국서를 보내 주인선 제도 창설을 통고한 데에는, 정권의 대외적 승인과 무역 상대국의 다변화를 통해 정권의 안정화와 막부의 해외 무역 독점을 가져오려는 의도가 깔려 있었다. 바로 이런 점에서 네덜란드와 도쿠가와 막부의 이해는 완전히 일치하지는 않더라도 서로 교차하고 있었다.

2) 초기의 히라도 상관

정권 기반이 아직 확실히 다져지지 않았던 근세 초기, 무사와 상인의 구분은 없었다. 포르투갈의 생사 교역과 주인선 무역에는 정권과 유착한 상인들은 물론 막부 고관이나 쇼군도 투자(당시의 말로 '投銀' 혹은 '拋銀') 하고 있었다. 이에야스와 제2대 쇼군 히데타다(秀忠) 시대의 기록에만 보이는 직명인 買物掛(가이모노가카리)는 나가사키 봉행이 겸하고 있었는데,[10] 요는 포르투갈이 들여오는 중국 상품을 쇼군이 독점적으로 먼저 구매하는 일을 담당하고 있었다. '황제의 생사'(Emperor's silk) 혹은 '쇼군의 생사'(公方の生絲)라는 말이 생겨나게 된 이유이다. 최고 권력자의 선매 특권과 주인선 제도의 맹아는 히데요시 시대에 이미 싹트기 시작했는데, 이에야스는 이를 고스란히 이어받았다.

막부 고관들의 투자는 계속되었지만 쇼군이 무역에서 발을 빼고 무사와 상인이 분리되기 시작하는 것은 제3대 쇼군 이에미쓰 시대에 이르러서의 일이었다. 그러나 그 이전까지 무역은 군사력 증강과 정권의 재정 확보를 위해 필요불가결한 것이었다. 군사적 우위에 섰다고는 하지만 아직 정치적 미래를 장담할 수 없었던 당시, 도쿠가와 막부는 다이묘들의 반란에 대비하고 또 교토의 조정과 귀족, 그리고 사사(寺社) 세력을 자신의 편으로

---

10) 永積洋子, 『近世初期の外交』, 12쪽.

끌어들이기 위해 막대한 금액의 통치자금을 필요로 했다. 막부는 이를 은과 생사 교역을 통해 충당했다. 이에야스가 금으로 환산하여 실로 200만 냥에 달하는 유산을 남기고 세상을 떠난 "인류 역사상 보기 드문 자산가"[11]였다는 사실은 그러한 사정을 말해준다.

그러나 진출 초기의 네덜란드 동인도회사는 도쿠가와 막부의 요구와 기대에 잘 부응할 수 없었다. 그 이유는 당시 히라도 상관이 무역 거점이라기보다 동남아시아해역에서 전개되고 있던 네덜란드의 군사 행동과 무역 활동을 보조하는 전략 거점으로서 기능하고 있었기 때문이다.[12] 이는 네덜란드의 아시아 진출이 처음부터 포르투갈 세력을 타파하는 목적을 갖고 출발한 것이었음을 상기하면 어느 정도 예상할 수 있는 일이었다.

상관 설립 초기 네덜란드 동인도회사선의 히라도 입항은 간헐적으로 이루어졌을 뿐이었다. 동남아시아에서는 종래의 이베리아 세력에 더해 영국 동인도회사와의 충돌도 전개되고 있었다. 네덜란드는 마닐라를 봉쇄하기 위해 스페인과 교전하고, 향료제도에서 영국 함대와 대치했다. 이러한 상황에서 네덜란드 동인도회사가 히라도 상관에 기대한 것은 동남아시아해역에 투입할 자본(은)과 전략 물자(조총, 도검, 탄약, 용병)를 조달하는 중개 기지로서의 역할이었다. 여기에는 히라도가 포르투갈선, 중국선, 주인선 등이 모여드는 규슈 서북부에 위치하고, 마카오와 마닐라의 이베리아 세력의 보급로를 차단할 수 있는 지리적 여건을 갖춘 점도 작용했다.

초기의 히라도 상관이 무역 이윤을 크게 기대하지 않았던 것은 사실이지만, 그 이전에 일본에 내다팔 상품이 없었던 것도 사실이었다. 네덜란드가 히라도로 들여온 것은 해상에서 나포한 포르투갈선이나 중국선의 약탈

---

11) 村上隆, 『金・銀・銅の日本史』, 岩波書店, 2007, 145쪽. 200만 냥은 지금의 가치로 대략 2,000억 엔.
12) 이하, 초기의 히라도 상관에 관해서는 加藤榮一, 『幕藩制國家の形成と外國貿易』, 校倉書房, 1993.

품으로, 양도 일본의 수요를 충족시키기에는 턱없이 부족했을 뿐 아니라, 그 대부분은 동남아시아해역으로 재수출되어 동인도회사의 군사 활동을 위해 전용되었다. 동아시아해역에서 네덜란드 동인도회사의 활동은, 한마디로 해적 그 자체였다.

네덜란드의 해적 행위는 포르투갈인이나 중국인 해상은 물론 생사 무역에 거액을 투자하고 있던 일본 상인과 막부 고관, 그리고 쇼군의 입장에서도 골칫거리였다. 그래서 도쿠가와 막부는 수차례에 걸친 개인적 차원에서의 비난과 경고에도 불구하고 약탈 행위가 끊이지 않자, 1621년 법령을 통해 일본인 용병 및 군수품의 반출 금지와 해적 행위 근절을 통고했다. 막부가 일본인 용병과 군수품의 반출을 금지한 데에는 외국과의 분쟁을 극력 회피하여 정권 안정에 균열을 가져오는 사태를 미연에 방지하려는 의도가 깔려 있었다. 동남아시아의 왕권들과는 달리 강력한 군사력을 보유하고 중앙집권을 이룬 막부의 명령 앞에 네덜란드인들은 굴복할 수밖에 없었다.

3) 해적에서 상인으로

동아시아해역에서 이렇다 할 교역 루트를 갖고 있지 못했던 네덜란드 동인도회사는 일본에 들여올 상품을 확보하기 위해 파타니 상관을 이용했다. 파타니에 온 중국선으로부터 생사를 구입해 여기에 동남아시아산 생사를 섞어 들여오거나, 생사의 양과 품질에서의 열세를 만회하기 위해 주인선의 시암 교역에 편승하여 소목(蘇木), 녹피(鹿皮), 상어가죽, 납 등을 반입했다. 그럼에도 불구하고 히라도 상관의 무역은 포르투갈선이나 주인선의 그것에는 도저히 미치지 못했다.

이에 네덜란드 동인도회사는 동아시아해역 진출 이후 최대의 과제였던 중국 상품 구입 루트를 확보하기 위해 1622년 12척의 선단을 이끌고 마카오를 공격했지만 실패했다. 중국 본토에 거점을 마련하는 데 또다시 실패한 네덜란드는 이번에는 타이완해협의 펑호도(澎湖島)에 요새를 건설하기 시작했다. 그러자 중국이 이를 파괴할 것을 요구했고, 네덜란드는 그곳을 철수해 타이완으로 옮겨갔다. 1624년 네덜란드는 타이완 남부에 질란디아(Zeelandia) 성을 만들어 중국 무역의 거점으로 삼았다. 중국 관헌은 타이완에서 이루어지는 네덜란드 동인도회사와 중국인 사이의 무역을 묵인했다. 히라도 상관이 무역 기능을 발휘하게 되는 것은 이때부터의 일로, 생사를 수입하고 은을 수출하는 구조가 정착되었다.

그러나 타이완에 무역 거점을 마련했다고는 해도 현지 사정에 어둡고 중국과의 직접 교역이 불가능한 네덜란드인들의 무역은 결코 녹록치 않았다. 그들이 상품을 구입하기 위해서는 중국인 해상에게 선금을 지불해야 했는데, 이것이 언제나 문제를 야기했다. 납기 지연이나 상품 부족은 물론 그것을 중개하는 사람의 자금 횡령이나 사기 행위도 빈발했다. 네덜란드 동인도회사 본부의 17인회에 제출된 아시아 보고서에 중국인 해상에 대한 온갖 부정적인 평가가 난무하는 것은 당시 동아시아해역에서 네덜란드인들이 처한 곤경을 말해주고 있다.

이러한 상황은 정지룡(鄭芝龍)의 대두로 수습되어갔다. 히라도에 거주한 적이 있는 정지룡은 네덜란드 동인도회사 타이완 상관의 통역을 거쳐 해상(=해적)이 된 인물로, 중국·일본·네덜란드 모두와 관계를 갖고 있었다. 일찍이 중국 연안을 약탈하던 그는 명조의 회유로 일변하여 1628년부터는 관헌의 일원이 되어 주변 해적을 소탕하기 시작했다. 그 뒤 정지룡은 하문(廈門, 아모이)과 항주(杭州)를 거점으로 하여 네덜란드에게 중국 상품을 중개하고 직접 일본에 배를 파견했다. 히라도 상관의 무역은 정지룡의 해상 네트워크에 의존하면서 전개된 것이었다.

우여곡절 끝에 궤도에 오른 히라도 상관의 무역은 1628년에 일어난 타이완 사건으로 인해 위기에 봉착하게 된다. 사건은 나가사키 대관(代官)

스에쓰구 헤이조(末次平藏)가 파견한 주인선에 타이완 상관이 과세한 데에서 비롯되었다. 타이완은 네덜란드가 상관을 만들기 이전부터 주인선과 중국선이 만나 교역하던 곳으로, 중국 상품을 입수하기 가장 적합한 지리적 이점을 갖고 있었다. 주인선 가운데 타이완 도항선이 가장 많았던 이유도 바로 거기에 있었다. 타이완 상관이 만들어진 뒤로는 네덜란드 동인도회사 선과 주인선이 치열한 경쟁을 벌이고 있었는데, 주인선에 대한 과세는 이 과정에서 발생했다. 타이완 무역에서 선배 격에 해당하는 주인선 무역가의 입장에서 보면 타이완 상관의 과세는 납득할 수 없는 일이었다.

타이완 사건이 사인 간의 분쟁에 그치지 않고 막부까지 개입하는 대사건으로 발전한 이유는 타이완 상관과 주인선 무역가 간의 갈등이 꽤 오랫동안 계속되고 있었던 점도 작용했지만, 무엇보다 주인선 무역에 막부 고관들이 거액을 투자하고 있었기 때문이다. 1627년 바타비아의 인도평의회는 쇼군에게 타이완행 주인장의 발급 정지를 요청하기 위해 타이완 상관의 행정장관 피테르 노위츠(Pieter Nuyts)를 대사로 파견했지만 아무런 성과도 거두지 못하고 돌아갔다. 다음해 타이완을 찾은 주인선에 대해 노위츠는 보복조치를 감행했고, 사태는 폭력 사건으로까지 번졌다. 이에 막부는 히라도 상관에 향후 5년간 무역 활동을 금할 것을 명했다. 타이완 상관의 고압적인 대응으로 말미암아 상승하던 일본 무역은 1632년까지 중단되는 비싼 대가를 치러야 했다.

5년간의 공백을 거치고 재개된 히라도 상관의 무역은, 그 사이 네덜란드가 막부와의 관계 개선을 위해 보인 외교적 노력과, 그들이 전혀 예상할 수 없었던 새로운 상황의 전개로 인해 단연 활기를 띠게 되었다.

먼저 1630년 스에쓰구 헤이조가 사망함으로써 일본에 만연했던 네덜란드에 대한 반감이 어느 정도 진정될 기미를 보이기 시작했다. 사건 이후 몇 차례 접촉을 시도한 바 있는 바타비아 당국은 1632년 사건 당사자인 노위츠를 일본에 인질로 보내왔다. 이때 바타비아 총독은 히라도 상관장을 역임한 적이 있는 약스 스벡스였다. 일본의 정치 문화에 정통한 그는 저자세로 대화에 임해 쇼군의 만족을 얻어내는 데 성공했다.[13] 타이완 사건의 수습 과정에서 보인 네덜란드의 태도는 동남아시아에서의 폭력적인 모습과는 대조적이었다. 1633년부터는 히라도 상관장이 매년 에도의 쇼군을 예방하여 감사의 뜻을 전하는 관행이 만들어졌다. 이 관행은 데지마 상관으로 이어졌다.

하지만 네덜란드 측의 노력보다 더욱 결정적으로 히라도 상관의 활황을 가져온 요인은 일본이 주인선 무역에서 자발적으로 철수한 일이었다. 도쿠가와 막부는 주인선 제도를 포르투갈의 생사 무역 독점에 균열을 가져오고, 다이묘들의 사적 무역을 통제하여 그 경제력을 약화시키는 데 이용했다. 주인장 발급을 직접 관리하고 주인선의 입출항을 나가사키로 제한하는 정책 등은 모두 그러한 이유에서 비롯된 것이었다. 막부의 의도는 그 뒤 관철되어 포르투갈의 생사 무역에 일대 타격을 가져왔고, 주인선 이외의 무역선의 입출항도 히라도와 나가사키로 한정되어갔다.

주인선 무역이 갖는 이러한 정치경제적 의의에도 불구하고 도쿠가와 막부는 1633년부터 발포하기 시작한 일련의 쇄국령을 통해 주인선 제도의 폐지는 물론이고 모든 일본인의 해외 도항을 금지했다. 그 이유는 1620년대에 들어 동남아시아해역에서 주인선이 국제적 분쟁에 말려드는 일이 자주 일어났고, 주인선을 통해 크리스트 교도나 선교사가 유입되는 사건이 다발했기 때문이다. 정권의 안정과 경제적 기반을 이루는 데 성공한 도쿠가와 막부에게 생사 무역으로 인한 경제적 이익보다 국제적 분쟁에 휘말려 막부의 권위가 훼손되는 사태나 체제 안정에 잠재적 위협이 되는 크리스트

---

13) 永積昭, 『オランダ東インド會社』, 講談社學術文庫, 2000, 124쪽. 원저는 近藤出版社, 1971.

교의 잠입을 차단하는 일이 더욱 시급한 과제로 떠올랐던 것이다. 이 난제에 대한 막부의 최종적인 결론이 네덜란드였다. 그때까지 막부의 명령에 고분고분 순종해왔던 네덜란드는 무역과 포교를 일체화시키지 않는 점에서도 포르투갈을 대체할 수 있는 최적의 대안이었다. 이 글을 시작하면서 소개한 1639년의 에도 성의 회의는 막부가 해외 무역에서 발을 빼는 최종 국면에서 다시 한 번 자신들의 결론을 재확인하는 자리였던 것이다.

앞에서 이미 지적한 것처럼 일본이 주인선 무역에서 철수하고 포르투갈이 추방된 것은 네덜란드 동인도회사의 입장에서는 일본 무역에서 가장 강력한 경쟁자들의 소멸을 의미했다. 이후 주인선의 교역 루트를 그대로 이어받은 네덜란드의 일본 무역은 날로 확대되었다. 히라도 상관의 무역액이 최고를 기록하는 해는 포르투갈 추방이 결정된 다음해인 1640년이었다.[14] 그와 동시에 타이완 상관의 무역액도 1634년에서 1637년 사이에 4배로 불어났다.[15] 이 과정에서 1637년도 히라도 상관의 무역 이익이 동인도회사 전체의 총이익에서 차지하는 비율이 70퍼센트를 넘어서게 되었다.[16] 동아시아해역에서 보인 네덜란드인들의 온순한 상인의 얼굴의 뒷면에는 일본 무역이 가져다주는 막대한 이익이 있었다.

4. 그 뒤의 이야기

주인선 무역과 포르투갈의 생사 교역이 중단된 뒤 이제 남은 경쟁자는 중국인 해상뿐이었다. 당초 네덜란드는 일본 무역에서 이 최후의 경쟁자마저 축출할 생각이었지만, 중국 본토에 거점을 확보하지 못한 채 중국인 네

---

14) 岩生成一,『鎖國』, 中央公論新社, 2005, 458쪽. 원저는 中央公論社, 1974.
15) 永積洋子,『近世初期の外交』, 169쪽.
16) 하네다 마사시 저, 이수열 · 구지영 역,『동인도회사와 아시아의 바다』, 선인, 2012, 129쪽. 원저는 羽田正,『東インド會社とアジアの海』, 講談社, 2007.

트워크에 의존하여 겨우 일본행 상품을 입수하던 그들에게 그것은 가능할 리 없는 이야기였다. 오히려 네덜란드의 일본 무역은 정씨 부자(정지룡과 그의 아들 정성공)와의 관계 여하에 따라 희비가 엇갈리는 수동적인 현실에 처해 있었다.

일본의 쇄국 이후 나가사키 무역을 둘러싼 중국인과 네덜란드인의 경쟁은 1600년대 중반을 지나면서 서서히 전자가 압도해갔다. 일본을 오가는 중국선은 정성공이 발행하는 허가증 없이는 운항이 불가능했고, 나가사키의 생사 교역은 정성공의 배가 도착해서야 가격이 결정되고 거래가 시작되었다.[17] 일본 무역이 가진 이러한 취약한 구조는 네덜란드가 중국 본토에 거점을 마련하지 않는 한 지속될 수밖에 없었다. 그러나 당시 대륙에서 전개되고 있던 거대한 정치 변화는 네덜란드에게 더욱 불리하게 작용했다.

명청교체가 네덜란드의 일본 무역에 직접적인 영향을 미친 이유는 정씨 부자, 그중에서도 특히 정성공이 그 과정에 깊이 관련되어 있었기 때문이다. 1646년 정지룡이 청에 투항한 이후 독자의 길을 걷기 시작한 정성공은 남명(南明) 정권 최대의 세력이 되어 전국적인 군사 활동을 전개했다. 청군에 대한 공격은 남명 정권 붕괴 이후에도 계속되었는데, 이 정성공 정권의 재정적 기초는 일본 무역에 있었다. 1640년대 중반을 경계로 네덜란드 동인도회사의 생사 수입량이 격감하고, 나가사키로 내항하는 정성공의 정크선이 급증하는 것은 당시 그가 전개하고 있던 군사 활동과 연동된 현상이었다.

정성공이 일본 무역을 통해 전시 재정을 충당하면서 그때까지 정씨 부자의 해상 네트워크에 의존하여 중국 상품을 입수하던 타이완 상관이 곤경에 처하게 되는 것은 당연한 일이었다. 여기에 정성공 정권이 타이완으로 거점을 옮긴 일은 네덜란드의 일본 무역에 더욱 치명적인 결과를 가져왔

---

17) 上田信, 『シナ海域蜃氣樓王國の興亡』, 講談社, 2013, 299쪽.

다. 1661년부터 공격을 개시한 정성공은 해상봉쇄와 몇 차례의 전투 끝에 질란디아 성을 점령했고, 다음해 네덜란드는 타이완을 철수했다. 1683년 정성공이 사망한 뒤로도 일정 기간 계속된 정씨 정권이 청에 항복함에 따라 타이완은 청조 관할 하로 들어갔다. 이로써 네덜란드 동인도회사의 동아시아 무역이 이전과 같은 호황기를 다시 맞이할 가능성은 사라졌다.

정성공은 16세기 '상업의 시대' 이래 동아시아해역을 주름잡던 해상 세력의 마지막을 장식한 인물이었다. 청조는 타이완 정복 이후 다시 해외 무역을 재개했지만 이전처럼 해상 세력을 그 일에 개입시키지는 않았다. 쇄국 이후 해외 무역에서 철수한 도쿠가와 막부도 나가사키나 쓰시마를 통해 이루지는 무역을 직접 관리했다. 일본의 경우는 18세기에 들어 광물 자원의 고갈과 중국 상품의 수입대체화 등으로 인해 해외 무역 자체에서 발을 빼는 행보를 보였다. 이러한 해역 상황의 변화로 네덜란드가 들어설 자리는 점점 좁아져갔다. 이후 근세 일본에서 네덜란드는 주로 서구 문화의 창구 역할을 수행했다. 난학(蘭學)이 그 대표적인 예이다. 문화의 문제로서 존재하던 네덜란드가 다시 정치의 문제로 등장하는 것은 증기선과 함포로 무장한 새로운 모습의 유럽이 동아시아해역에 나타나고 나서부터였다.

ㄱ

가예타노(Cajetan) 31
강(江) 54, 56, 57, 70, 71, 80, 81, 82
강화 101
개개인 8, 9, 45, 54, 56, 65, 78, 94, 108
개인 9, 41, 43, 45, 47, 57, 94, 102, 104,
　　105, 120, 121, 136, 144
경계 24, 43, 44, 45, 50, 55, 58, 60, 115,
　　116, 117, 118, 124, 149
고기잡이 52, 53, 55, 56, 65, 70, 71, 75,
　　80, 81
공공물 45, 48, 54, 70, 83
공공의 것 39
공기 19, 21, 46, 47, 48, 60, 121
공동 사용권 73, 79
공동의 사용 46, 47, 48, 49, 53, 54
공유 9, 11, 20, 40, 41, 43, 44, 56, 59,
　　65, 71, 72, 74, 80, 81, 100, 124
공유물 9, 40, 41, 43, 44, 45, 46, 47, 48,
　　49, 54, 58, 59, 73, 77, 79, 80,
　　82, 103, 105, 120, 121
공적인 것 39, 47, 70, 121
관습 7, 69, 74, 75, 76, 79, 80, 93, 94,
　　95, 120
관할권 24, 39, 55, 68, 114, 115, 117,
　　119, 121, 123, 124, 125
『교령집6권』 64, 69

『교령집(Decretum Gratiani/Gratian)』
　　31, 40, 80
교역 11, 17, 21, 22, 23, 62, 63, 85, 89,
　　92, 95, 111, 112, 113, 114, 119,
　　120, 122, 125, 128, 130, 132,
　　133, 134, 137, 139, 140, 142,
　　143, 144, 145, 146, 148, 149
교역의 자유 10, 88, 113, 120, 125
교환 85, 86, 87, 88, 128, 136
교황 29, 30, 31, 33, 36, 67, 68, 91, 92,
　　114, 115, 116, 120
『교황 그레고리우스 9세의 교령집』 31,
　　34, 80, 94
국내법 69, 78
국법 8, 135
그로티우스(Grotius) 6, 19, 21, 26, 45,
　　101, 112, 113, 119, 121, 123,
　　124, 125, 130

ㄴ

네덜란드 연방 17, 120
네덜란드인 12, 17, 21, 23, 64, 65, 84,
　　98, 100, 101, 103, 105, 109, 113,
　　114, 120, 130, 140, 144, 145,
　　148, 149
네라티우스(Neratius) 46

저자 소개

휴고 그로티우스
(Hugo Grotius, 1583-1645)

네덜란드 델프트에서 출생하여 레이던 대학(Leiden University)을 졸업하였다. 프란체스코 빅토리아(1483-1546)와 알베리코 젠틸리(1552-1608)로부터 학문적 영향을 받았으며, 자연법에 기초한 국제법의 시조로 평가받는다. 『인디오에 관하여』(1604-05 미출간 원고), 『자유해』(1609), 『전쟁과 평화에 관한 법』(1625) 등을 저술하였다. 『자유해』는 『인디오에 관하여』의 12장의 내용을 가다듬어 따로 출간한 것이었는데, 이 사실은 『인디오에 관하여』가 1868년 『전리품에 관한 법』으로 이름을 달리하여 출간됨으로써 처음 알려졌다.

역자 소개

정문수
(鄭文洙, 한국해양대학교 국제해양문제연구소 소장)

부산대학교 사학과를 졸업하였으며 현재 한국해양대학교 항해융합학부 교수 및 국제해양문제연구소 소장으로 재직 중이다. 한국연구재단이 지원하는 인문한국지원사업 「해항도시문화교섭학」(2008-2018) 연구책임자로 활동하였으며 인문한국플러스사업 「바다인문학」(2018-2025) 연구책임자로 활동 중이다. 『해항도시문화교섭 연구방법론』, 『신화와 역사 속의 해항도시를 가다』, Bada Humanities, Maritime Silk Road and Seaport Cities 등을 저술하였고, 『발트해와 북해』 등을 번역하였다.

이수열
(李秀烈, 한국해양대학교 국제해양문제연구소 HK교수)

와세다대학교 일본사학과를 졸업하였으며 현재 한국해양대학교 국제해양문제연구소 HK교수로 재직 중이다. 『일본지식인의 아시아 식민지도시 체험』, 『동아시아해역의 해항도시와 문화교섭 I, II』 등을 저술하였고, 『동인도회사와 아시아의 바다』, 『새로운 세계사』 등을 번역하였다.